# Pasaporte a Ovnilandia
Lecturas de ufología crítica
**Edición 20º aniversario**

**Sergio Sánchez Rodríguez**

**Ediciones Coliseo Sentosa**

**Sánchez Rodríguez, Sergio**
**Pasaporte a Ovnilandia**
**Lecturas de ufología crítica**

**Prólogo de Ignacio Cabria**

© Sergio Sánchez Rodríguez, 1999
© del prólogo, Ignacio Cabria, 2019

Primera edición, Emegé, 1999
Edición 20º Aniversario, Coliseo Sentosa, agosto de 2019

Registro de propiedad intelectual número 112.100
ISBN 978-0-244-20696-3

Ediciones Coliseo Sentosa
Santiago de Chile
Dirección editorial: Diego Zúñiga C.
Dibujos: Cristina González V., Crina

Dedico este libro a Odette y Javierita: perdónenme por haberles mezquinado parte de mi tiempo, ocupado como estaba en escribir, en el duro invierno de 1999.

# ÍNDICE

# AGRADECIMIENTOS

A **Cristina González Vargas**, quien hizo los dibujos.

Al escritor **Juan Guillermo Prado**, quien me exhortó a concluir este trabajo.

A los muchachos del Colectivo Nueva Ufología, especialmente a **Arturo Dufey** y los hermanos **Rodríguez Balboa**: sin ellos, nada sería igual.

A **Alejandro Agostinelli**, quien me inició en los arcanos de la hipótesis psicosociológica, me paseó por Buenos Aires y me invitó a almorzar en "Editorial Atlántida". Sos grande.

A **Roberto Banchs**, un verdadero "monstruo" de la ufología, porque generosamente me mostró sus archivos y me regaló un valiosísimo material.

A los viajeros impenitentes del CIFO de Rosario, en especial a **Juan José Acevedo** y **Claudio Scarcella**, con los que tuve una empatía inmediata, a la par de una asombrosa afinidad de pensamiento. Algún día volveré a encontrarlos, porque los caminos de la ufología son insondables.

A los mexicanos **Óscar García** y **Luis Ruiz Noguez**, los que me atiborraron de libros y revistas. Luis, cuya bonhomía sólo es comparable a su erudición ufológica, nos llevó –a mi esposa y al que escribe– a la fabulosa Teotihuacán, mientras nos contaba los pormenores de la cultura de los mexicas...

A **Solange Robles**, por su inédita experiencia OVNI en Pelequén, que cambió mi visión sobre el papel del testigo en estas historias.

A **Javier Mora**, en cuya casa de Ercilla, con un frío glacial, renové mis "votos" de ufólogo perpetuo, después de años de abandono del tema.

Y, por supuesto, a mi secretaria **Verónica Garcés Soza**, quien asumió la pesada tarea de tipear el manuscrito original, con dedicación, eficiencia y esmero.

# PRÓLOGO
## a la edición 2019

*Pasaporte a Ovnilandia*, publicado originalmente en 1999, no fue solo un libro de ufología, más o menos objetivo o subjetivo. Para empezar, fue la primera revisión a fondo escrita en Chile sobre el pensamiento ufológico internacional y su primer libro crítico sobre el tema ovni. Solo por eso es un hito que merece una mayor atención que la que tuvo la primera edición. Pero además, Sergio Sánchez es el primer ufólogo chileno que analiza los factores psicológicos y sociales que hay detrás de este fenómeno. El libro fue una declaración de principios de Sergio Sánchez y la decantación cuidadosamente madurada, como un vino viejo, de una serie de reflexiones tanto sobre la naturaleza de los ovnis como sobre el quehacer ufológico y las creencias. Por todo eso, cuando los editores me pidieron un prólogo para la reedición de esta obra, pensé que además de hacer un comentario de su contenido, era necesario añadir algo más sobre la persona que se oculta detrás de la firma y sobre una evolución personal.

La vocación de Sergio Sánchez por la ufología fue muy temprana, como en tantos especialistas en esta materia. Se apasionó por los ovnis a los 11 años leyendo durante la convalecencia de una enfermedad. Mientras que otros en iguales circunstancias se hicieron profetas y fundaron una iglesia (o como Julio Iglesias, se pasaron del fútbol a la canción), Sergio se convirtió en un estudioso callado de lo maravilloso que se ocultaba tras el misterio de los discos voladores. Sus contactos con la ufología organizada chilena no le depararon más que desacuerdos con la línea que se seguía, de ahí que se hiciera, como él se reconoce, un "ufólogo de gabinete". Eso significa ser un estudioso racionalista y discreto, fuera de los focos y del comercio del papel. Sí, porque Sergio ha sido siempre un hombre modesto y reservado en sus expresiones públicas, más dado al estudio que a la palestra.

Hacer un estudio de la ufología internacional desde Santiago de Chile en los años noventa no fue fácil, ante la precariedad del mercado editorial local en esta materia. Sergio compartía su profesión de abogado en la Administración Pública con las lecturas de los clásicos de la ufología publicados en español, incluido *Pasaporte a Magonia*, de Jacques Vallée, que tanta influencia ha tenido en su devenir intelectual. Pero cuando a mediados de los noventa empezó a importar libros y a tomar contactos, supo lo que estaban haciendo investigadores anglosajones, franceses, españoles y argentinos y tuvo su segunda "caída del caballo" con la inspiración que iba buscando. Conoció las propuestas de la *paraufología* de Jerome Clark y Pierre Vieroudy, que mezclaban los ovnis con los poderes de la mente; se introdujo a los ufólogos críticos franceses y a la *hipótesis psicosociológica* (Michel Monnerie, Jacques Scornaux, Thierry Pinvidic), que se atrevieron a plantear la duda sobre los ovnis desde dentro del propio ámbito ufológico; se le abrió un mundo con el simbolismo de Bertrand Méheust, que encontró paralelos entre los ovnis y el folklore y la ciencia ficción; se fascinó con las ideas de autores en la línea de Carl Jung, como Michael Grosso y Dennis Stillings; se adentró en la comprensión antropológica y sociológica del fenómeno ovni con Jean-Bruno Renard y Pierre Lagrange respectivamente. La ufología francesa se convirtió a partir de entonces en su eje de atención y de inspiración principal. Algunas de las ideas que asimilaba eran opuestas entre sí, pero todas ellas ofrecían perspectivas ricas al conocimiento, compatibles con una mentalidad reflexiva. Gracias a aquella "conversión" contamos hoy con un analista fino de las teorías que se han vertido alrededor de los ovnis.

Escribir este libro que aquí comento respondió a una necesidad íntima de Sergio Sánchez por expresar ideas, dudas y convicciones que no encontraban un espacio dentro de la ufología chilena del momento, dominada por la divulgación plana de casos ovni y las creencias acartonadas de la hipótesis extraterrestre clásica, de influencia norteamericana. Sergio encontró, por tanto, el campo libre para una revisión crítica de las teorías en boga. Aun siendo una obra temprana en la trayectoria del autor, *Pasaporte...* condensaba ya una sabiduría fruto de una reflexión sosegada.

Cuando escribió el libro, Sergio no había conocido aún a Diego Zúñiga, con el que poco después, en el año 2000, emprendería aquel proyecto editorial emblemático que fue La Nave de los Locos, una de las mejores revistas ufológicas que se han hecho en español, a pesar de lo modesto de su edición. En ese trayecto llegaría al escepticismo sobre la realidad material de los ovnis, pero eso sí, un escepticismo de la duda, alejado de lo que él llama el "movimiento social escéptico", con el que no se identifica por limitarse a la negación de la realidad de los ovnis. Lo que él busca es ir más allá, comprender el fenómeno. *Pasaporte a Ovnilandia* es una obra en tránsito en este propósito, un "estado de la cuestión" de la ufología a finales de los noventa escrita en plena evolución de las ideas del autor. Rechaza aquí las hipótesis clásicas de los ufólogos pero no niega aún la posibilidad de un fenómeno físico real tras los ovnis, no se define entre la *paraufología* y la *psicosociología*, reconoce en un momento de especial sinceridad del libro que ha creído en casi todo, porque "una vida sin magia no merece la pena vivirse". Pero el libro le llega ya en un momento de descreimiento. Se percibe en él el desencanto con las creencias que habían alimentado el mito.

Sergio utilizó en este libro como forma de expresión el muy platónico estilo del diálogo del autor consigo mismo, de resonancias clásicas. Cuando le he preguntado por la razón de escribir en forma de entrevista a sí mismo me ha contado que ya en una obrita ufológica de adolescencia (que quedó guardada en un cajón) había utilizado el estilo del diálogo, y parece que la nostalgia de aquel primer intento le llevó a plasmarlo definitivamente en este su primer libro publicado. La forma de diálogo puede verse como un recurso retórico o un juego intelectual en el que el autor se hace las preguntas que él mismo quiere contestarse (nadie controla mejor una entrevista que el que se hace al mismo tiempo las preguntas). Pero Sergio confiesa que lo que quería era marcar una voz distinta a la de los libros de ufología al uso, de exposición de casos y de ideas básicas, que es lo que se hacía en Chile en aquel momento. La entrevista puede entenderse también como una manera de interrogarse a uno mismo por sus íntimas dudas y contradicciones. Si la filosofía es el diálogo del alma consigo misma, Sergio se aproxima a ella en sus preguntas y respuestas en la parte final del libro, la más personal. En este libro no se dogmatiza, se somete el peso de los argumentos al contrapeso de las refutaciones en una virtual balanza intelectual.

*Pasaporte a Ovnilandia* está hecho con la sinceridad del que necesita expresar un descontento con un entorno ufológico que no comparte, y en el que desnuda sus convicciones diseccionándolas en el mismo acto de escribir. El poso final de la lectura es el de una lucidez desencantada de los fantasmas extraterrestres del pasado, pero satisfecha de haber disfrutado del sentido de misterio que proporcionaron los discos voladores. Para Sergio Sánchez, el trayecto valió la pena para conocer los entresijos del alma humana.

En la actualidad, mientras comparte escritura con libros de criminología, Sergio continúa con su gran proyecto de historiar el pensamiento ufológico francés, que es a fin de cuentas una historia de las ideas en general sobre el mito ovni. Con un alcance tan exigente, es lógico que se encuentre incómodo dentro del traje de "ufólogo" que a uno le encasquetan en cuanto se dedica a estudiar el tema ovni, no importa si lo que estudia es el fenómeno social que lo rodea y no el objeto mismo, y en esto le entiendo perfectamente. La identidad que Sergio se reconoce es ante todo la de historiador de la ufología. Pero esta es solo una parte de su tarea de escritor sobre la historia de las ideas. Otra tiene que ver con los saberes marginales y las paraciencias en general, materias sobre las que nos promete nuevos trabajos, dejando al margen los ovnis. De todas maneras, si en algún momento anuncia que se aleja de la ufología, no le crean. Él sabe que el que fue ufólogo está impregnado para siempre del hechizo del misterio ovni, y que con un enfoque u otro, querámoslo o no, siempre nos revisita.

**Ignacio Cabria**
Santander, junio de 2019

# PREFACIO A LA SEGUNDA EDICIÓN
## (ALGUNOS RECUERDOS, A 20 AÑOS DE PASAPORTE)

Cuando *Pasaporte a Ovnilandia* fue publicado, a fines de 1999, yo todavía era joven. Pero que no se tome esto como una condescendencia paternalista hacia un libro, que hoy, desde mi agnosticismo ufológico radical, no puedo justificar (me refiero al paternalismo, no al libro). Confieso que surgió en mí, en algún momento, *la tentación de reescribir algunas partes de la obra.* Decidí no hacerlo, pues no tenía sentido alterar un texto que era la más fiel expresión de mi pensamiento ufológico de entonces. Por fortuna, nunca pude reescribirlo. Y no me refiero sólo a una melancólica y autocomplaciente defensa de lo ya publicado. No. Es por una cuestión teórica, de fondo. Sucede que, desde que *Pasaporte* comenzara a llegar a sus primeros lectores, no hice más que alejarme de su ideario, de sus especulaciones y hasta de sus conclusiones. El libro proponía una postura híbrida que combinaba, a partes iguales, elementos de la paraufología, junto a aquellos que provenían de una corriente crítico-escéptica: la llamada hipótesis psicosocial. Menuda ocurrencia. Sólo a un crédulo impulsivo, pensé, le podía parecer viable mezclar, en el mismo cóctel, lo que decían paraufólogos *magonianos* y neoescépticos psicosociales. Por eso, al cabo de un lustro, ya no suscribía el programa de *Pasaporte* y, en honor a la verdad, lo consideraba un simple malabarismo de juventud. Hacia 2004, mi posición se había alejado sustancialmente de él.

Sin embargo, mi enfoque actual, a dos décadas del libro, me ha hecho reencontrarme con sus pretensiones. Tengo muy pocas certezas en el tema OVNI (menos que en 2004); por lo mismo, hoy no veo el modo de demostrar que estaba equivocado en 1999. Mi "pensamiento débil" en lo tocante a ovnis, no da como para cohonestar la chapucería o mercadotecnia imperantes, aunque tampoco aporta activos a ninguna cruzada por la Razón o la Ciencia. Mis pretensiones en el tema han alcanzado un nivel de modestia que a algunos puede parecer exasperante, y a otros, derechamente oscurantista o pusilánime. Y lo peor es que eso ya ni me preocupa.

15

Como sea, yo le tenía un gran cariño a *Pasaporte a Ovnilandia*. El libro había sido, literalmente, mi salvoconducto para entrar a la cofradía internacional de los ufólogos. Gracias a la sorpresiva bienvenida que la obra tuvo en el gremio ufológico, mis amistades y contactos se multiplicaron exponencialmente. Nunca habría imaginado que, apenas un año después de publicado *Pasaporte*, aparecería una generosa reseña del gran Ricardo Campo, en el boletín *@nomalía*, N° 2, de la respetada fundación española del mismo nombre. Fue muy emocionante.

Poco antes de la publicación original del presente ensayo, conocí a un tipo extraordinario, con el que trabamos rápidamente amistad: Diego Zúñiga Contreras. Quince años más joven que yo, él administraba una página web sobre hechos "forteanos", con un marcado tono crítico. Interesante; mejor dicho, excepcional. Era el primer adolescente, avecindado en "temas misteriosos", que no transmitía en "frecuencia Roswell", Área 51 y Hangar 18. Ese raro sujeto tuvo la amable idea de entrevistarme para su página web y de poner a *Pasaporte* en el ciberespacio, con portada e índice. De a poco, comenzó a hablarse del libro. Al cabo de un mes, se iniciaba la andadura de la revista *La Nave de los Locos*, que es la verdadera causa de que *Pasaporte* empezase a circular entre lectores de distintas nacionalidades, y terminara comentado en un boletín de la Fundación Anomalía. ¡Qué tiempos aquellos!

La amistad con Diego ha tenido sus costos: para él. Ha sido proveedor de libros (mi inoperancia para comprar por Internet, le hizo soportar por dos décadas mis requerimientos; ni siquiera por mudarse a Alemania pudo librarse de ese designio… Diríase, incluso, que la situación se agravó). Ha debido escuchar pacientemente el detalle de mis proyectos de escritura (algunos realmente desquiciados y fantasiosos). Y, en fin, en malos tiempos económicos, ha posibilitado que yo siga escribiendo y publicando, impune y gratuitamente. Una rémora de veinte años (1).

**

Sí. Han pasado veinte años. Ya no existe *La Nave de los Locos*. Pero existe *Coliseo Sentosa*, el proyecto de Diego Zúñiga, quien es por estos días mi editor oficial. Y ha materializado la idea de volver a publicar ese viejo libro de 1999. Quién sabe. Tal vez algunas de sus ideas se hayan revitalizado; otras, quizás, ya no parezcan admisibles ni sostenibles ante la crítica. Pero vuelve el libro *tal cual se leyó en su momento*, sólo liberado de sus múltiples erratas (2). Para lo demás, para el fondo, que cada uno juzgue según sus convicciones y preferencias. El texto, la verdad, ya casi se ha independizado de mí. Por lo mismo, he querido contar cuál fue la historia de este libro en mi propia historia personal. Lo haré en pocos párrafos, en todo caso (no es que estemos hablando precisamente de *La Divina Comedia*, sino de un simple ensayo ufológico).

Desde el primer día en que me convertí en ufólogo, a los 11 años de edad, quise escribir un libro sobre ovnis. El modelo que tenía era, a no dudarlo, Antonio Ribera, mi segundo maestro en lo de escribir (el primero fue el recordado naturalista Félix Rodríguez de la Fuente, autor de la *Enciclopedia Salvat de la Fauna*). Ribera, sí. *El gran enigma de los platillos volantes* (la edición de 1974, de Plaza y Janés) se convirtió en una obra de cabecera y en mi puerta de entrada a la ufología española, de la que tanto aprendí y a la que tanto debo. Me fascinó, sobre todo, la buena pluma que se dejaba entrever en los debates. Mi hispanofilia, que asumo sin complejos de ninguna índole (y hoy más que antes, aguijoneado por la anglofilia al uso), no viene solamente del "Siglo de Oro", sino también, justo es reconocerlo, de los ruedos platillistas. Donosura y claridad del argumento van de la mano: cómo disfrutaba leyendo a Ribera, Lleget y Ballester Olmos, entre otros, por puras consideraciones literarias.

En 1979, cuando era un mozalbete de 13 inviernos, junté fuerzas con un amigo entrañable (Arturo Dufey), para sacar en colaboración un libro sobre el fenómeno OVNI. Se cumplían diez años desde que fuera publicado el influyente *Pasaporte a Magonia*, de Jacques Vallée, y yo quería coincidir con el aniversario. Siempre un efectista, como se ve. Pues bien, el libro en ciernes debía tener un enfoque que se pretendía objetivo y ajeno a las truculencias, aunque era por cierto un texto partidario y comprometido con la causa platillista. Hasta donde sabíamos, el nuestro iba a ser *el tercer libro* propiamente ufológico escrito en Chile (*¿Fue Jehová un cosmonauta?*, de Ricardo Santander Batalla, formaba parte de otro rubro, el paleoastronáutico). ¿Quiénes nos habían precedido? Pues Willy Wolf y Manuel Sáenz, con su obra *Los sin nombre* (1968). Y Juan Jorge Faundes, con *Ustedes nunca sabrán* (1977). La perspectiva de inscribirnos en la bibliografía ovnística nacional, fue un enorme acicate, como es fácil comprender en dos sujetos que cursaban el primer año de enseñanza media. Ilusamente, yo pensaba que publicar libros me daría más posibilidades con las chicas; y, más ingenuamente todavía, que me permitiría obtener algunas modestas ganancias, para comprarme más libros de ovnis, claro está. Aunque, seamos justos con ese entusiasmo adolescente: la crematística era la menor de mis preocupaciones (y también de mi amigo). Lo importante era "aportar al conocimiento del fenómeno OVNI".

Entonces, había que buscarle un título al pretenso libro. Y llegó rápido: *Sobre los OVNIs y su origen*. Me dormía soñando con su portada: la fotografía nocturna de un ovni multicolor, tomada en Tulsa, Oklahoma, en agosto de 1965. Cabe decir que el proyecto de libro venía con todo el impulso y envión de la ufología setentera, de nuestras lecturas de Aimé Michel, Henry Durrant y Brad Steiger, de modo que se trataba de una empresa seria. Así, en mi vieja máquina *Olivetti*, los capítulos que me correspondían fueron tomando forma. Pocas veces he escrito tan absorto y tan concentrado. El señor Dufey hacía lo propio con sus temas. Sin embargo, se diría que con la llegada del invierno el impulso inicial se fue congelando lentamente. Irrumpieron las diferencias "ideológicas" (que no personales). Nuestros abordajes sobre el tema OVNI eran disímiles y, por lo mismo, había dos voces en el libro: una más ortodoxa, todavía leal con la hipótesis extraterrestre; y otra, paraufológica, más preocupada de C. G. Jung, de Jacques Vallée y de la "componente psíquica" del fenómeno, que de astronaves procedentes de las lejanías de la Vía Láctea. No se logró el equilibrio y, la verdad sea dicha, tampoco pusimos mucho empeño en conseguirlo. Dos voces muy distintas en un mismo libro. Un *yahvista* y un *elohista*, si se me permite el protochiste. Así, pese a que estuvo escrito en un 80 por ciento, el libro jamás se publicó. Eso sí, estuvieron listas las conclusiones, en las que se arremetía contra los escépticos, por supuesto.

Pasaron muchos años para que yo volviera a escribir sobre ovnis, aunque no sobre "temas conexos". Apenas en 1980, volví a atacar con la *Olivetti*. Esta vez era un largo ensayo sobre las implicaciones, que yo creía decisivas y urgentísimas, del libro que acababa de leer casi con la misma fascinación que mis textos ufológicos: *El retorno de los brujos*, de Louis Pauwels y Jacques Bergier. De los platillos volantes me había desplazado al "realismo fantástico", dejando momentáneamente a la ufología, en beneficio de los tesoros cátaros y los arcanos de la construcción de catedrales. Me convertí en un descarado imitador del estilo de la revista *Planeta*: tenía que meter en un mismo paquete al esoterismo, la magia y la alquimia... con "la ciencia de vanguardia". Hace poco me encontré con fragmentos del ensayo y leí sobresaltado sus páginas proemiales: "Ha llegado el momento de mirar hacia la mutación futura. La presunta sabiduría de nuestros abuelos y bisabuelos no nos permitirá entender nada de lo que viene. Más Oppenheimer y menos Shakespeare; más Julian Huxley y menos Balzac". ¡Mocoso presuntuoso! ¡Quinceañero farsante! ¡Quién te leyó y quién te ve! A juzgar por el caótico decurso de tu vida posterior, ¡cuánto te habría aprovechado un séptimo de esa sabiduría de tus abuelos!

Con el paso de los años ochenta, llegada la universidad, la vieja *Olivetti* comenzó a acumular telarañas. De escribir, nada. El buen estudiante de antaño se convirtió en un auténtico y estéril borrico. Apenas si se puede rescatar algo de esa Edad Oscura. Dejémosla.

***

Un discreto renacimiento vino con el *revival* de los ovnis, desde fines de 1987 en más. Empezamos a desempolvar los viejos libros y a adquirir otros. La avalancha venía fuerte. En mi caso, estuvo signada por mi encuentro casual (¿casual?) con un nuevo e involuntario mentor. Sucedió en 1996, en un Congreso Ufológico organizado por AION, en la Universidad de Santiago (el director de AION era Rodrigo Fuenzalida). Admito que estaba un poco desolado por el "alienigenismo" ingenuo de las ponencias que venía escuchando (por todo ejemplo, ver el parágrafo "Teología ovnística", del Interludio 2 de este libro). Comencé a pasearme inquieto por la trastienda del Congreso. De pronto, escuché una voz con inconfundible acento bonaerense. Alguien hablaba de *las otras cosas* que hay en este tema. El caso es que el sujeto estaba en sintonía con los aspectos que de verdad me interesaban. "Este tipo sabe". Entonces, me

19

presenté un poco atrabiliariamente, queriendo dar la impresión de seriedad. El informado personaje me dijo que estaba vendiendo, por si me interesaba, un número doble de la revista *Cuadernos de ufología*. No podía creerlo. ¡La célebre y prestigiosa revista española, por fin en mi biblioteca! El piso se me hizo acuoso. Pero había algo más. El misterioso argentino agregó, casi al pasar, que estaba vendiendo ejemplares de una obra del antropólogo español Ignacio Cabria: *Entre ufólogos, creyentes y contactados: una historia social de los OVNIs en España* (Santander, 1993). ¡Yo sabía de ese libro! Había leído una referencia al mismo en la revista *Más allá*, que venía hasta con una foto de la portada. Yo deseaba tenerlo, estaba un poco obsesionado incluso, pero no sabía cómo comprarlo. Y ahora, este ufólogo porteño lo ponía amablemente en mis temblorosas y agradecidas manos. ¿Quién dijo que la felicidad no existe? "Hay más -agregó-. Pero es gratis". Se trataba de un largo artículo, un pulcro cuadernillo que respondía al título "Carta abierta a los jóvenes ufólogos". El autor de este texto era el mismo que me lo entregaba: Alejandro Agostinelli.

Quedé deslumbrado, sobre todo, con los textos de Agostinelli y Cabria. Sentí que debía emularlos. Esa noche, mientras era incapaz de interrumpir la lectura, me costó conciliar el sueño, debido al entusiasmo que me embargaba. Mis ideas sobre el tema ufológico comenzaron desde ya a virar en una dirección resueltamente más crítica; y el Congreso de AION fue, paradójicamente, el responsable. Me es difícil exagerar la importancia que esas lecturas tuvieron en mi devenir ufológico-intelectual.

¿Una hipótesis psicosocial en torno los ovnis? Sonaba muy prometedor, pero tenía muy poco material sobre el asunto, salvo por el libro de Cabria y el enfoque y recomendaciones de lectura de Agostinelli (este último devino desde entonces en personaje clave de mi periplo; de allí mi enorme deuda con el autor de *Invasores*). Supe que debía hacer un viaje bibliográfico a Buenos Aires. Desde que tengo memoria, la mayoría de mis intereses intelectuales han sido fecundados desde Argentina, un país siempre más cercano a Europa que el nuestro, lo que explica el singular afecto que siento por la nación trasandina (y por sus librerías). Así, me dejé caer en el departamento de un paciente y generoso Agostinelli, quien puso a mi disposición el *dossier* sobre la "nueva ufopatía francesa" (la hipótesis psicosocial en pleno), que él mismo había escrito y coordinado para sendos números de *Cuadernos de ufología*. Una pieza periodística notable. Quedé muy impresionado. El departamento de Agostinelli era una biblioteca... más algunos muebles. Sentí cierta envidia cuando vi sus legajos sobre nuevos movimientos religiosos, ordenados en carpetas específicas ("Alfa y Omega", "Niños de Dios", etc.): mi desastroso caos me ha impedido imitarlo en esto, y muchos de mis papeles se pierden para siempre en un desorden irredento que espera, impasible, el fin del Kaliyuga.

Con todo ese material, de nuevo me encontré en plan de seguir descubriendo cosas. Una carpeta llena de fotocopias, numerosos boletines y un par de libros, coronaron mi efímero paso por Buenos Aires. Mis visitas a Roberto Banchs (del CEFAI, que editaba el boletín *Los identificados*) y a Juan Acevedo y Claudio Scarcella (del CIFO, grupo que publicaba la revista *Ufología Racional*), me estimularon a mirar más profundamente en una perspectiva histórica y psicosociológica (el primero) y en "la conexión chamánica" (los segundos). Regresé a Santiago como si estuviese llegando del Tíbet, pletórico de apasionantes novedades, con una mirada distinta acerca de los "no identificados" y, sobre todo, de la ufología y los ufólogos.

El último hito de "la preparación" para escribir sobre ovnis, estuvo dado por un viaje a México. En el D. F. conocí a dos miembros del equipo de la revista *Perspectivas Ufológicas*, un medio escéptico que brillaba como luz esperanzadora en medio de las tinieblas de una ufología comercial y sensacionalista como pocas (lo que ya es decir). La larga conversación sostenida con Óscar García y Luis Ruiz Noguez fue uno de los momentos más significativos de ese viaje. Mención aparte merece el viaje a Teotihuacán, con ese tal Noguez como ilustrado guía (uno inmejorable), cuya erudición ufológica me dejó boquiabierto.

En fin, decidí hacerme de los libros franceses más famosos en el ámbito de los "nuevos ufólogos". ¿Cómo hacerlo, antes de *Amazon*, o, mejor dicho, antes de que yo pudiese acceder a Internet? Se me ocurrieron ideas extravagantes (muy en mi estilo apresurado y lindante con lo ridículo). *¡Una carta dirigida a la Embajada de Francia en Santiago!* Por suerte, una amiga me frenó, sugiriéndome algo mucho más práctico. "¿Por qué no vas a la *Librería Francesa*? Allá te traen los libros desde el mismísimo París, en un par de meses, como mucho". Fin del problema bibliográfico esencial.

Así, en 1999 ya estaba todo listo para comenzar la tarea. ¿Mencioné que ese año se cumplían 30 desde la publicación de *Pasaporte a Magonia?*

Sergio Sánchez R.
Julio de 2019

## NOTAS

(1)    Mi amiga Elizabeth Ramírez, que me ha dado una sección permanente en su programa radiofónico "Hablemos de..." (Radio Rancagua), también ha decidido correr los riesgos.

(2)    Agradezco a Nicolás Berasain, quien empezó a pugnar por la reedición del libro en 2018, cuando sacarlo parecía una quimera, y a trabajar resueltamente para dicha reedición, en generosa prueba de amistad.

# LECTOR BENÉVOLO

La ufología es un tema tan resbaladizo y oscuro, confluyen en él tantos elementos perturbadores (las esperanzas del público, el sensacionalismo, los intereses comerciales de los autores vende platillos), que desistí innumerables veces de la faena de escribir este libro, sólo para recomenzar porfiadamente, con la sensación poco grata de que mis obligaciones personales estaban siendo descuidadas.

Esta obra me pareció necesaria, pues la oferta bibliográfica sobre ovnis, en la inmensa mayoría de los casos, es esencialmente apologética. Se trata de una literatura que no estimula el sentido crítico del lector en torno al tema; más bien, fortalece los tópicos y reafirma las ideas sacrosantas de la subcultura ufológica que, no por insostenibles dejan de inundar los medios periodísticos, especialmente la televisión. Esa literatura que acaricia al público y le dice lo que quiere escuchar, pero no tiene la gentileza de advertirle que las creencias incuestionadas son siempre peligrosas. En medio de tanto libro comprometido con historias inverosímiles sobre contactados, paseos en platillo volador e interminables conjuras gubernamentales, ¿no cabía alguna vez la posibilidad de leer algo diferente? Esta obra, con todos sus inocultables defectos, ofrece tal posibilidad, al no mostrarse cautiva de las fantásticas leyendas al uso.

Por cierto, las páginas que siguen, tratan de "ufología" más que de ovnis. *La ufología es una práctica social y teórica que ejercitan los investigadores y divulgadores de la fenomenología ovni: lo que piensan y hacen los ufólogos, en suma*. Entonces, he puesto especial atención a las hipótesis surgidas desde el seno de la ufología y a los debates teóricos.

**UN MÉTODO.** He recurrido al expediente de escribir en base a preguntas y respuestas, como si fuera una larga entrevista. Puede sonar muy presuntuoso y autorreferente; mas no ha sido la fatuidad lo que me ha llevado a escribir en esa tesitura, sino la necesidad de despersonalizar un poco mis opiniones, distanciándome de ellas al exponerlas ante un interlocutor que se las trae. Se trata de un "divertimento".

**UN ESTILO.** No gusto de zaherir gratuitamente a nadie que no lo merezca. Respeto las creencias ajenas, especialmente la creencia en los extraterrestres. Empero, hay cosas que no pude dejar de comentar por respeto a mis lectores. Ellos juzgarán la justeza y puntería de mis venablos.

**UN TÍTULO.** Lo de "Pasaporte a Ovnilandia" es un tributo a un famoso libro de Jacques Vallée, a propósito de su 30 aniversario* (el libro de Vallée fue publicado en 1969 y sigue completamente vigente... más adelante será citado y comentado como corresponde). "Ovnilandia" es una expresión inventada por Robert Sheaffer, refiriéndose al abigarrado y variopinto mundo de los "operadores" de la ufología.

**EL AUTOR.** Un despreciable "ufólogo de gabinete", bajito, con más amigos que plata, temeroso de Dios y de las supercomputadoras del futuro. Firme convencido de que la Humanidad sólo será feliz si se libera del trabajo ("alienado", claro); partidario del diálogo fructuoso entre las "dos culturas" de que hablaba Snow, la de los científicos y la de los literatos; del encuentro entre Oriente y Occidente; entre lo apolíneo y lo dionisíaco.

Racionalista, sí, pero consciente de las limitaciones del racionalismo. También, por tanto, en busca de lo milagroso.

Amante de la naturaleza. Viajero. En síntesis: ¡ufólogo de gabinete!

*En 2019 se celebran 50 años de la publicación de dicho libro.

# CAPÍTULO I
## Introducción... a la ufología

*En ufología hay que pensar en todo y no creer en nada.*
***Aimé Michel***

### Y llegaron los platillos voladores

La historia de los ovnis, como seguramente ya sabe el lector, se inicia un martes 24 de junio de 1947, aproximadamente a las dos de la tarde, cerca de las estribaciones del monte Rainier, estado de Washington (Estados Unidos). Kenneth Arnold, un piloto civil estadounidense, divisó desde su avioneta particular a nueve extraños objetos volando en formación, a una velocidad que le pareció bastante respetable. Cuando aterrizó, Arnold estaba muy ansioso por notificar a las autoridades militares lo que había visto, pues temía que se tratara de armas secretas rusas o algo parecido; sin embargo, como las oficinas en Pendleton se encontraban cerradas, optó por contar su historia a los reporteros (1).

Contrariamente a lo que comúnmente se cree, Arnold **no** acuñó la expresión "platillos voladores" (*flying saucers*). En realidad, Arnold se refirió más bien a la extraña forma de desplazamiento de los objetos (cuya forma original recordaba a un boomerang) que a su aspecto. Nuestro piloto indicó que los misteriosos ingenios volantes "se desplazaban como platos lanzados sobre la superficie del agua". Uno de los periodistas que captaron estas palabras –Bill Bequette–, introdujo la confusión universal, pues alteró las iniciales declaraciones de Arnold, poniendo en su boca la archiconocida expresión *flying saucer*... La suerte ya estaba echada; era sólo cuestión de tiempo, y gran parte del mundo comenzaría a ver (o a creer que veía) naves con forma de platillo surcando los cielos. Este solo hecho, aparentemente tan nimio, ha estructurado el que acaso sea el más grande mito de nuestro tiempo, a la vez que desnuda su base psicosocial. En los orígenes mismos de la saga, como en gran parte de la secuela posterior, hubo un error que determinó los pormenores más reiterados de esta fantástica historia.

Una vez asentada en el público la idea de que los platillos voladores surcaban nuestros cielos, especialmente los cielos estadounidenses, se hizo más imperiosa la necesidad de explicar su misterioso origen. Un primer orden de especulaciones provino, curiosamente, del esoterismo y la parapsicología, las que quedaron rápidamente en el olvido, durante casi tres décadas, hasta el advenimiento de las hipótesis paraufológicas. Más frecuente era adjudicarles un origen terrestre y bien material: armas secretas rusas o "nazis". De hecho, se especulaba que científicos alemanes partidarios de Hitler trabajaban en bases inaccesibles para las potencias triunfantes, preparando la revancha... y que los platillos voladores constituían la gran arma secreta de esos sabios locos.

Sin embargo, al alborear la década de los cincuenta, la hipótesis de la procedencia extraterrestre de los ovnis fue adquiriendo carta de naturaleza como la explicación predominante –hasta nuestros días– del mundo ufológico. Ello se debió a la incansable labor divulgativa del fundador del NICAP (Comité Nacional para la Investigación de los Fenómenos Aéreos), el mayor estadounidense (retirado) Donald E. Keyhoe; en 1950, fue el primero en plantear una versión sistémica y presentable de la hipótesis extraterrestre, influyendo decisivamente en la visión que millones de personas se formaron sobre este problema (2). Por cierto, Keyhoe sugirió que las autoridades militares estadounidenses ocultaban información exclusiva sobre la naturaleza e intenciones de los ovnis. Mantener al público en la ignorancia era, según Keyhoe y los epígonos que pensaron exactamente como él, una forma de evitar el pánico y hasta el colapso de nuestra civilización.

Con el paso de los años, la idea del "gran y terrible secreto" se fue adornando con nuevos y cada vez más desquiciados elementos, hasta llegar a la paranoia ufológica sin precedentes que domina en la actualidad, especialmente entre los más entusiastas partidarios de la hipótesis extraterrestre.

Resulta evidente que, desde un comienzo, las autoridades castrenses norteamericanas ocultaron y "filtraron" la información sobre los OVNIs. Empero, más que retener una gran verdad desconocida para las masas, el estamento militar –por cuestiones de formación– suele comportarse con cautela y secreto, sobre todo cuando existe una supuesta amenaza para la seguridad nacional (que fue el temor principal que suscitaron los platillos voladores en la génesis de la saga). Otro aspecto que ya resulta palmario a cualquier observador medianamente desapasionado, es que el mutismo oficial de la USAF (y hasta cierto grado de "intoxicación informativa", consistente en noticias falsas y la divulgación intencionada de delirantes rumores) no buscaban esconder a los extraterrestres del ojo de la ciudadanía, sino algo bastante más prosaico: tender un velo sobre los prototipos secretos de la propia USAF.

Con todo, la USAF organizó desde los años cuarenta del siglo XX diversos proyectos dedicados al estudio de los OVNIs, partiendo por el "Proyecto Signo" y culminando con el célebre "Proyecto Libro Azul", inaugurado en 1957 bajo los dictados del capitán Edward J. Ruppelt (3). Posteriormente, luego de casi una década de especulaciones y callejones sin salida, se contrató en 1966 a la Universidad de Colorado para que elaborara un "informe científico final" sobre el tema OVNI. Esta amplia investigación, a cargo de prestigiado físico Edward U. Condon, no estuvo exenta de reparos y cierta parcialidad negativista, aunque dudo mucho que sea el "gran tongo", como sostienen apresuradamente ciertos ufólogos. El resultado del Informe Condon, jugado hacia el escepticismo (en modo alguno a una incredulidad dogmática), es consecuencia natural de la dispersa y poco contundente evidencia examinada y no de una macabra conspiración de científicos ultrarracionalistas y carentes de imaginación.

# Breve vistazo a las "escuelas ufológicas"

Las diversas *escuelas ufológicas* surgen de la gran variedad de hipótesis constituidas para explicar el origen de los ovnis y de la metodología (o falta de ella) para procesar la información recibida. Por cierto, todas las clasificaciones tienen sus inconvenientes, pero ensayaré una a continuación, con el fin de determinar el alcance de ciertas expresiones muy usadas a lo largo de este libro. En mi opinión, hay tres grandes escuelas ufológicas, a saber:

1. La ufología ortodoxa. Generalmente, aunque no de forma exclusiva, esta corriente ideológica se halla anclada en la hipótesis extraterrestre, pues considera que los ovnis son aparatos físicos dirigidos por seres que provienen de allende el espacio. La ufología ortodoxa merece ser dividida a su vez en dos instancias bien diferenciadas.

1a. La ufología "clásica". Engloba el discurso tradicional de los ufólogos, casi desde el advenimiento mismo de los platillos voladores. El sector clásico no es especialmente significativo por su rigor, pero reconoce en sus filas desde individuos honestos y buscadores sinceros... hasta los peores charlatanes y mercaderes que sea dable imaginar (4).

1b. La ufología científica. Apareció con el claro afán de depurar los catálogos de casuística y de obtener, en lo sucesivo, información confiable. Sin embargo, *fue poco consciente de su subordinación obvia a los mitos fundacionales de la ufología ortodoxa.*

Una de las figuras más famosas de esta clase de ufología científica fue el astrónomo estadounidense Josef Allen Hynek, por varios años principal consultor científico del Proyecto Libro Azul. Hynek, en un principio escéptico declarado, rechazaba la mayoría de los informes de avistamientos, atribuyéndoles explicaciones convencionales. Mas, a medida que los casos inexplicados se acumulaban, Hynek comenzó a convencerse de la existencia de un genuino fenómeno OVNI, sepultado por el inmenso cúmulo de denuncias triviales, fraudes, bromas, confusiones y alucinaciones (sin duda, la parte mayoritaria de los informes). La "conversión" de Hynek ha sido, a veces, groseramente utilizada y manipulada por los propagandistas del ovni (los que olvidan mencionar los casos de investigadores reputados que han devenido en flamantes escépticos, luego de décadas de credulidad). De todos modos, la figura de Hynek trascendió universalmente, pues asesoró a Steven Spielberg en la película *Encuentros cercanos del tercer tipo*, clasificación de los avistamientos que él mismo introdujo (5).

2. La paraufología. Considera a los ovnis como expresión de un fenómeno paranormal, cuyo origen estaría en una exointeligencia (desconocida, pero terrestre) que manipula al ser humano, o bien en el propio testigo, que proyecta imágenes dotadas de una cierta materialidad (a través de un desconocido proceso de psicokinesis).

Los más famosos exponentes de la paraufología han sido autores como Jacques Vallée, John Keel, Pierre Vieroudy, Loren Coleman, Jerome Clark (en los años setenta; hoy, en cambio, ha vuelto con renovados bríos al redil alienigenista, renegando de su más honroso pasado paraufológico), Thomas Bearden, Brad Steiger y Allen Greenfield, por nombrar a los más conocidos.

3. La ufología psicosocial. En la mayoría de los casos, descarta las explicaciones extraordinarias (origen extraterrestre o fenómenos paranormales) para centrarse en el papel del testigo y *del entorno cultural en que éste realiza su observación*, entorno que incluye a los estereotipos definidos por la propaganda ufológica. Se nutre permanentemente de aportes que provienen de la psicología junguiana, la antropología del mito y la sociología de la religión.

Esta postura ha adquirido un carácter predominante en el seno de la ufología europea seria. En realidad, la hipótesis psicosociológica partió como una tendencia propia de ufólogos de habla francesa, generalizándose a otros ámbitos culturales diferentes. Sus principales exponentes son Michel Monnerie, Claude Maugé, Thierry Pinvidic, Bertrand Méheust, Pierre Lagrange, Dominique Caudron y Jean-Bruno Renard, en Francia; Jacques Scornaux, en Bélgica; Peter Rogerson, John Rimmer y Hilary Evans, en Inglaterra; Paolo Toselli y Edoardo Russo, en Italia; Ignacio Cabria y Luis González Manso, en España; Martin Kottmeyer y Ronald Westrum, en los Estados Unidos; Alejandro Agostinelli, Roberto Banchs y Rubén "Gurú" Morales, en Argentina. En fin, no se trata de una lista exhaustiva.

# Los principales partícipes del mundo ufológico

## 1. Los ufólogos

Podemos incluir en esta categoría a los investigadores del fenómeno ovni, en términos generales, abarcando a los ufólogos "de campo" (entrevista de los testigos, recogida de datos, etcétera) como a los "de salón" o "de gabinete" (especulación teórica, análisis de la casuística, etcétera).

En la categoría "ufólogos" podemos incluir desde los creyentes más obtusos hasta los investigadores críticos y escépticos. Estos últimos, a diferencia del escepticismo militante, trabajan desde el interior mismo de la ufología, puesto que continúan (y continuarán, es lo más seguro) formando parte de ella.

## 2. Los escépticos

Son los grandes refutadores (*debunkers*), escarnecedores de los problemas endémicos de la ufología: la falta de evidencias, lo difuso y ambiguo de su objeto de estudio, los patinazos de los investigadores, entre otros aspectos. Uno de los refutadores "históricos" fue Donald Menzel, destacado astrónomo estadounidense. Menzel, en su obra de 1953 *Flying Saucers*, fue pionero al explicar determinadas observaciones de ovnis como confusiones con fenómenos atmosféricos inusuales, aunque perfectamente naturales, como los espejismos, por ejemplo. Este libro, ácidamente criticado por el estamento ufológico, convirtió a Menzel en un personaje profundamente antipático a los ojos de los ovnílogos, al punto de que la mayoría de los autores no desaprovechan la oportunidad de asestarle un buen palo (de pasada).

La figura de Menzel tuvo un importante relevo en Philip Klass, veterano "ufólogo escéptico" (de ser posible tal combinación; yo creo que sí), estadounidense, experto en historia y tecnología aeronáuticas. Klass gozaba de una dilatada trayectoria buscando explicaciones convencionales a historias increíbles y denunciando diversos montajes y fraudes, con el fin de que no se los tragara el público. Las principales obras de Klass contemplan los siguientes títulos:

-*UFOs identified* (1968)
-*UFOs explained* (1975)

*-UFOs: the public deceived* (1983)
*-UFO abductions, a dangerous game* (1988)
*-The real Roswell crashed-saucer coverup* (1997)

*UFO abductions, a dangerous game* es, quizás, su *magnum opus*, pues pone en su lugar a algunos grandes mandarines de la cultura abduccionista estadounidense, como Whitley Strieber y, especialmente, Budd Hopkins.

Klass estaba vinculado al CSICOP (Comité para la Investigación Escéptica de las Afirmaciones de lo Paranormal; a partir de 2006 sencillamente CSI, Comité para la Investigación Escéptica), fundado a mediados de los setenta en Estados Unidos por figuras tan representativas como Isaac Asimov, Carl Sagan, Martin Gardner, Paul Kurtz, Marcelo Truzzi (que desertó por razones de filosofía de la ciencia) y James Randi. El objetivo del CSICOP era presentarse como una alternativa válida frente al irracionalismo rampante del mundo contemporáneo, demandado cada vez más por ocultistas y suscitadores de misterios de todo tipo. El CSICOP surgió para frenar el avance del pensamiento mágico y su difusión acelerada en el gran público. Por lo menos a nivel masivo, no parecen haber tenido mucho éxito.

Además del mencionado Klass, el CSICOP cuenta –en su sección ufológica– con otros destacados investigadores, como Robert Sheaffer y James Oberg.

En España, Argentina y México surgieron grupos similares al CSICOP, aunque con sus propios y particulares desarrollos. Los españoles Félix Ares de Blas, Luis Alfonso Gámez y Javier Armentia, entre otros, llevan la voz cantante de la refutación...

Como es lógico, existen muchos puntos de encuentro entre los escépticos militantes y los ufólogos críticos. La línea demarcatoria es, en gran medida, una simple cuestión de énfasis. En otros casos, como en el de quien esto escribe, las diferencias vienen impuestas por consideraciones epistemológicas.

### 3. Los contactados

El "contactismo" engloba a los diversos personas y agrupaciones que pretenden estar en comunicación (telepática o de cualquier otro tipo) con seres extraterrestres. En las primeras décadas del largo periplo ovnístico, los ufólogos atacaban mordazmente al contactismo, el que les parecía una práctica extravagante, pueril y rodeada de connotaciones fantasiosas y, por lo mismo, inaceptables. Definitivamente la ufología ortodoxa no miraba con buenos ojos a los contactados. Sin embargo, con el paso del tiempo (que termina reconciliando aparentes opuestos), se hicieron evidentes las similitudes entre el mundo contactista y los sistemas de creencias de la ufología tradicional. Las diferencias no eran tan abismantes como siempre sostuvieron los representantes de esta última. De hecho, ¿quién no ha sido testigo de la pleitesía que destacados ufólogos le rinden a Sixto Paz, de Misión RAMA, en cuanto congreso ufológico se presenta? ¿Quién no se ha percatado de la obsecuencia con que se asumen las inverosímiles historias del suizo Billy Meier o del mexicano Carlos Díaz, por poner solo dos ejemplos? ¿Quién no ha escuchado del ufólogo mengano que, cansado de sus sistemas de detección de ovnis y de editar boletines con casuística intrascendente, abandona sus bártulos para unirse a algún movimiento neorreligioso de carácter contactista? Y ni hablar de los testigos de algunos casos clásicos de la ufología mundial, que han terminado "contactándose" habitualmente con extraterrestres de lejanísimas constelaciones... cuestión que, a veces, se elude púdicamente por los investigadores más recatados.

Con todo, debemos recordar que el contactismo se inicia "oficialmente" –pues han existido brotes aislados desde fines del siglo XIX– con el teosofista polaco-estadounidense George Adamski, a principios de los años cincuenta. Adamski, que vivía en California, cerca del famoso observatorio astronómico de Monte Palomar (no trabajaba en él, como pretende cierta leyenda), afirmó haber entrado en contacto con unos alienígenas procedentes de Venus. Los "venusianos" de Adamski tenían el aspecto de seres humanos nórdicos, altos y rubios, que irradiaban una gran bondad y paz espirituales, como si de ángeles se tratase. Nuestro héroe afirmó que fue conducido al propio planeta Venus, ofreciendo unas idílicas descripciones, ya desmentidas implacablemente por lo que hoy sabemos acerca de "la estrella de la mañana", un infierno tóxico en el que resulta imposible que prospere la vida.

Los venusianos de Adamski traían un mensaje de inequívoca factura religiosa, mostrándose muy preocupados por la utilización que el ser humano estaba haciendo de la energía atómica. Venían, pues, a salvarnos de la gran catástrofe... aunque –como siempre en este orden de asuntos– respetando nuestro libre albedrío.

En todo caso, Adamski dio el puntapié inicial en la larga lista de contactados que jalonarían la larga andadura de la ufología: Orfeo Angelucci, Daniel Fry, Truman Bethurum y Howard Menger representan la primera hornada de este nuevo mesianismo.

Con el paso del tiempo, los grupos de contactados fueron expandiéndose por todo el mundo, adquiriendo formas cada vez más complejas (el movimiento "raëliano"; la Fratellanza cósmica, de Eugenio Siragusa; Bo y Peep; Misión RAMA; etcétera). Ahora bien, el panorama actual del contactismo está profundamente cohesionado en los contenidos (cristianismo popular mezclado con ocultismo y filosofía New Age, sin perjuicio de aderezos apocalípticos) y disgregado en las formas, pues hay una oferta de lo más variopinta, cada una con sus propios extraterrestres, los que parecen venir de sitios cada vez más lejanos; ya pasó la hora de los venusianos angelicales y de los marcianos en sentido estricto. En los tiempos que corren, salvo retrógradas excepciones, los alienígenas vienen de las Pléyades, de Zeta Reticuli o de Sirio...

En Chile, el mítico Valle de Elqui –esa suerte de "santuario de la Nueva Era"– es el epicentro del contactismo criollo. Por razones de espacio, no puedo extenderme más sobre este interesante tópico. Mil perdones.

## Dos cuestiones fronterizas con la ufología

A la mitología ovnística se le ha asociado con los más diversos temas, por lo que resulta conveniente hacer una muy sumaria revisión de los mismos.

### 1. "Astroarqueología"

Es el tema favorito de innumerables ufólogos, pues explora la posibilidad de que nuestro planeta haya sido visitado y explorado por seres extraterrestres en el pasado remoto. Si bien la hipótesis de los "astronautas de la Antigüedad" tenía antecedentes remotos en las especulaciones de principios de siglo, sobre civilizaciones desaparecidas como la Atlántida y Mu, lo cierto es que los primeros en promover abiertamente estas ideas fueron autores rusos como Agrest y Kasantzev. Posteriormente, estas elucubraciones –no exentas de originalidad– fueron recibidas y desarrolladas por escritores de Europa occidental, lo que las catapultó a la fama universal y al favor de las masas. A principios de los sesenta, en su celebrado *Le matin des magiciens* (6), Louis Pauwels y Jacques Bergier coquetearon con la idea de que los extraterrestres habían campeado por los cielos en el mundo antiguo, aportando tecnología a los escaldados seres humanos de entonces. Por la misma senda, el aventurero francés Robert Charroux creyó ver en toda la Historia los restos de aquella sobrecogedora visita. A su vez, el español Eugenio Danyans –ya en 1967– publicaba toda una novedad para su época: *Platillos volantes en la Antigüedad* (7).

No obstante, y sin perjuicio de otros autores (Peter Kolosimo, Peter Krassa, Zecharia Sitchin y nuestro Ricardo Santander Batalla), ha sido el hotelero suizo Erich von Däniken el principal exponente (no el mejor, por cierto) de la astroarqueología. Desde su libro *Recuerdos del futuro* (8), publicado originalmente en 1968, Von Däniken se convirtió en un fenómeno editorial sin precedentes, con millones de ejemplares vendidos en todo el mundo (para no hablar de dos películas documentales reestrenadas sistemáticamente en la década de los setenta). De hecho, varios observadores externos comenzaron a hablar del "dänikenismo", tan grande llegó a ser su influencia en toda una generación de lectores.

Las supuestas evidencias de las remotas visitas extraterrestres a nuestros venerables antepasados son, de hecho, bastante circunstanciales: relatos sobre vehículos aéreos en los textos sagrados, enigmáticas construcciones de piedra, hiatos en el conocimiento arqueológico, en fin, una larga lista de misterios reales o imaginarios de la más remota Antigüedad.

En mi opinión (y lo digo después de haber sido yo también un dänikenista sin paños tibios), *el cúmulo de la evidencia astroarqueológica es endeble*; si logró sobrevivir incuestionada durante tanto tiempo y entronizarse en la imaginación del gran público fue por su carácter sugestivo (y fascinante) y porque el desfile de enigmas que la sustentaba era demasiado abrumador para la credulidad del profano en general y del ignaro en materias arqueológicas en particular.

## 2. Exobiología

A diferencia de la anterior, la exobiología sí es una disciplina científica auténtica (aunque vacilante y joven), cuyo objetivo consiste en explorar –de forma especulativa y empírica– las posibilidades de la existencia de vida (sobre todo, de vida inteligente) en otros planetas. Por todo ello, la exobiología tiene una gran amplitud de intereses y abarca cuestiones como las siguientes, que son meramente ejemplares:

-El estudio de meteoritos y, en general, materiales caídos en nuestra superficie, de origen extraplanetario.
-El análisis espectrográfico de los planetas del sistema solar.
-Los esfuerzos de los radioastrónomos por captar señales de radio provenientes de otras civilizaciones de la galaxia.
-La extrapolación de las condiciones que hacen posible la vida en nuestro planeta a hipotéticos escenarios extraterrestres.

Algunos ufólogos, con algo de excesiva osadía, pretenden que su labor es "exobiológica". Sin embargo, si tal especie fuera cierta, aquellos tendrían que estar en condiciones de aportar unas pruebas que, en su ausencia, brillan más que la luna llena.

## Nuestra posición

Debo adelantar desde ya mi posición sobre estos temas, con el propósito de ser claro, sin perjuicio de prodigarme más extensamente sobre el particular en el último capítulo.

Mi discurso ufológico se ubica en una *posición intermedia* entre las variantes más tenues de la paraufología (el "programa débil") y la hipótesis psicosociológica. Postulo un trabajo conjunto, una "entente cordial", entre estas posturas, pues las considero constitutivas de un enfoque crítico sumamente aprovechable (naturalmente, no incluyo en este diálogo a las versiones más delirantes y fantasiosas de la paraufología). De hecho, ambas rompen con los mitos fundacionales de la ufología ortodoxa (el culto idolátrico de la hipótesis extraterrestre simple, por ejemplo) y cuestionan la materialidad intrínseca del fenómeno, a favor de los aspectos *culturales y simbólicos* implicados en la experiencia OVNI.

En esta dirección, dejo pendiente el problema de la existencia o inexistencia de los ovnis como aparatos físicos, y me centro en los efectos psicosociales de la creencia en ellos.

# NOTAS

(1)     Sobre este punto, ver a Pierre Lagrange: "Pendleton, 24, 25 y 26 de junio de 1947; tres días en la vida de Kenneth Arnold y los platillos volantes", en *Cuadernos de Ufología*, Nro. 8, Segunda Época, pps. 9-20. Santander, 1990.

(2)     Un libro posterior de Keyhoe, muy recomendable para conocer su pensamiento, es *Los desconocidos del espacio*, Pomaire, Barcelona, 1974.

(3)     Ver a Edward J. Ruppelt: *The Report on UFOs*, Doubleday, Nueva York, 1956.

(4)     Dentro de la ufología clásica destacaron grandes divulgadores del fenómeno ovni que, a la amenidad inherente al tema, agregaban calidad literaria, como en el caso de Antonio Ribera (pese a su credulidad). Hoy, en cambio, la literatura pro-ovni ha alcanzado niveles descarados de inverosimilitud y falta de estilo.

(5)     *El informe Hynek*, Javier Vergara Editor, Buenos Aires-Barcelona, 1979.

(6)     Es *El retorno de los brujos*, de Pauwels y Bergier, editado por Plaza y Janés, Barcelona, en ediciones sucesivas. La mía es de 1974, de la colección "El arca de papel".

(7)     Pomaire, Barcelona.

(8)     Plaza y Janés, 1970.

# CAPÍTULO II
## Notas de un ufólogo crítico

*Quería gritar: ¡Estoy sano!*
**Michel Monnerie**

### De la hepatitis a la ufología

*P. ¿Cómo se inició su interés por los ovnis?*

**R.** Como tantos niños en el mundo, primero pasé por la etapa que Rubén "Gurú" Morales denominó "ufofilia" (1). Me interesaban los platillos voladores, tenía internalizados los estereotipos de la ciencia ficción, me fascinaba el álgido tema de los extraterrestres; es decir, la ufofilia se identifica con una parte gruesa del público, que se siente atraída por estas cosas tan singulares.

Mi conversión –de ufófilo a ufólogo– sobrevino a los 11 años, cuando caí enfermo de hepatitis, en abril-mayo de 1977, coincidiendo con una "oleada" ovnística espectacular...

*P. ¿En la época del cabo Valdés?*

**R.** Sí, con todo lo que ello implicaba. Curiosamente, antes de caer enfermo, mi buen amigo Marcelo Ponce me prestó un librito titulado *Platillos volantes*, escrito por un tal Anthony Simmons (que resultó ser un seudónimo de Antonio Ribera). Así que las coincidencias existen (¿o no?). La hepatitis me obligaba a estar en cama y sólo podía ver televisión y leer para entretenerme. El lecho de hepatítico hizo de mí un precoz lector de ufología, a la vez que las noticias de la oleada ovni me mantenían prácticamente con el alma en un hilo. Comencé a "ufologizarme" por completo. Mi entusiasmo, mi curiosidad, mi fascinación por el misterio de los ovnis se volvió un proceso imparable.

Recuerdo un programa de televisión, en el que estaba invitado el investigador argentino Antonio Las Heras. Me impresionó vivamente con la seguridad de sus respuestas. El tipo recordaba casos con fechas, había escrito libros sobre ovnis, había viajado buscando evidencias, en suma, él era un ufólogo... ¡y en ese momento descubrí que yo también tenía que serlo!

**P.** *¿Se le reveló el destino?*
**R.** No se burle. En realidad, pensé que allí, en la ufología, había "conocimientos" por doquier y mi voracidad intelectual la observó con la misma lujuria con que un preso contemplaría a una ninfa del bosque.

Apenas me levanté de la cama, convaleciente y amarillo (no en el sentido político, se entiende), recibí un regalo sorpresivo: el libro *El gran enigma de los platillos volantes*, de Antonio Ribera (2). Luego vino la búsqueda de información, la lectura incesante, la acumulación de libros ovnísticos, los recortes de diario con las fechas rigurosamente anotadas, etcétera.

Comencé, lo recuerdo, a acumular un gran caudal de información, a la vez que devoraba todos los libros ufológicos que caían en mi poder; por fortuna, se trataba de libros de las firmas más respetadas de la ufología ortodoxa: Michel, Vallée, Carrouges, etcétera... Recuerdo, por ejemplo, una obra muy digna del investigador estadounidense Richard Greenwell –*Un estudio sobre los ovnis* (3)– que ejerció una saludable influencia en mi novel ideario ovnístico. Lo que quiero decir es que estas lecturas me vacunaron, prematuramente, contra los aspectos más delirantes del tema OVNI. Pues, pese a mis tiernos once años, hubo tres ruedas de carreta con las que nunca pude comulgar, a saber:

**1)** El que se hubieran estrellado platillos voladores contra la superficie terrestre.
**2)** Los relatos de supuestos "contactados" con extraterrestres.
**3)** El aspecto humanoide de los supuestos ovninautas.

*P. ¿Qué tiene contra los humanoides?*
**R.** Es una cuestión de elemental biología evolucionista (tranquilizo de inmediato al lector aprensivo: aquí ni siquiera hablo de un ultra-darwinismo militante). El devenir general de las formas de vida supone cursos causales muy caóticos y azarosos, condicionados por el ambiente y sus millones de variantes, además de las catástrofes naturales, todo eso en larguísimos tramos de tiempo que abarcan... ¡millones o billones de años! O sea, la posibilidad de que seres inteligentes extraplanetarios se parezcan a nosotros es, me parece, cercana a cero. Lo más probable sería que tuvieran una estructura física completamente distinta, inconcebible casi para nuestros parámetros biológicos actuales. Quizá ni siquiera pudiéramos reconocerlos como seres vivos.

Pero su carácter antropomórfico, que ya me parecía sospechoso, no era el principal problema. Lo peor venía dado por su innegable similitud con las entidades descritas por la ciencia ficción. Al que no quiera ver esta obviedad, esta perogrullada, le aconsejo que –con espíritu imparcial– revise la casuística humanoide: Cisco Grove, Johannis, Kelly-Hopkinsville, etcétera.

## Las sombras de la duda

*P. Su giro hacia opiniones críticas debe haberse ido incubando durante largo tiempo.*
**R.** Con el tiempo, llegué a cuestionarme no un aspecto particular de la ufología, sino todo el edificio ovnístico general, construido a partir de miles de testimonios caóticos y contradictorios.

Un primer aspecto que despertó mis sospechas de que podíamos estar ante "un rey desnudo", fue la actividad de los ufólogos. Me resultó obvio un detalle en el que no fui capaz de reparar al comienzo: los ufólogos actuaban más como promotores del misterio que como investigadores rigurosos (estoy hablando de la generalidad, precisamente la que vende y se muestra en los medios de comunicación masivos). De lo que se trataba: no encontrar explicaciones, con el objeto de tener catálogos de casuística muy abultados. La manipulación consciente o inconsciente de los datos, el apriorismo pro-extraterrestre que destilaban los informes, en fin, la pasión por creer y convencer al resto del mundo de la validez de las propias creencias, eran elementos en los que se sustentaba la ufología, en la inmensa mayoría de los casos.

A su vez, los ufólogos se volvían muy delicados con las críticas – bastante justificadas, por lo demás– esgrimidas por las personas que no pertenecían al mundo ovnístico, esto es, los no-ufólogos, esos "ignorantes" de las grandes verdades encerradas en la ufología. Ésta tiene en tal "espíritu de cuerpo", en tal "capillismo", su primer gran pecado.

*P. ¿En qué se manifiesta ese capillismo?*
**R.** En el funcionamiento de un verdadero "sistema de creencias", como admirablemente lo ha descrito Claude Maugé (4). Un sistema de creencias tan autorreferente que es casi imposible que sus miembros lleguen a cuestionarlo, a menos que opten por la ruptura deliberada, por la herejía.

La comunidad ufológica opera, efectivamente, como una subcultura, con códigos que le son propios y que, por cierto, le otorgan identidad. De ahí que sea tan difícil para los no-ufólogos comprenderla; asimismo, es también muy problemático, para los que la integran, tener la autocrítica suficiente como para verse desde afuera y constatar los elementos cuasirreligiosos que conforman su universo mental.

Un ufólogo renegado, el francés Michel Monnerie, lo escribe admirablemente, mientras cuenta los entretelones de su deserción:

*"Gasté una impresionante cantidad de papel, de tiempo y de materia gris en descubrir correlaciones entre lo conocido y lo desconocido (...) Esta agitación febril crea un estado bien propicio para hacer vivir a uno en un mundo paralelo (que no*

*tiene nada que ver con la física vanguardista). Este mundo parece tan real y sólido como el mundo común, a un punto tal que él es, a la vez, causa y efecto, que echa fuera las leyes físicas, sin permitirse editar nuevas de recambio; un mundo aparte con la coherencia de sus incoherencias, la lógica de su sinrazón; un mundo demencial y, sin embargo, totalmente aceptado bajo sus apariencias racionales, como todas las ilusiones, como todos los milagros, como todas las locuras, todas las trampas, todos los fraudes... todos los mitos. Y no es desde el exterior que se lo pueda mejorar"* (5).

Esas líneas, inmejorables, contienen casi todos los elementos de la subcultura ufológica dura. Casi nada queda afuera. Sea.

## Creer para ver

Otro aspecto que sacudió mi plácida visión original, fue la actividad ambivalente y hasta cuestionable de los padres fundadores de la ufología científica. Un caso paradigmático: el de Josef Allen Hynek. Antes de airear mis objeciones, aclaro que siempre he sentido un gran respeto por Hynek, y reconozco que le somos, en gran medida, deudores. De hecho, la mayoría de los ufólogos le idolatran, invocando su nombre en vano, pues o no lo han leído, o no han comprendido sus ideas, o ni siquiera son capaces de aceptar la "asepsia" de sus conclusiones ufológicas, refractaria a toda la panoplia alienígena, con sus platívolos estrellados, sus grises congelados en neveras súper-secretas y demás obsesiones de cierta ufología contemporánea.

Sin embargo, Hynek –científico, astrónomo, catedrático– cometió una serie de deslices, movido por una credulidad que lo enceguecíó no pocas veces. Es de imaginarse mi inquietud pues, si hasta Hynek –con todos su pergaminos académicos– se permitía tragar camelos, ¿qué quedaba para el resto? ¿Qué quedaba para los ufólogos que todo se lo creen y no son capaces de distinguir un meteoro o un globo sonda de una "nave nodriza" repleta de platillos exploradores?

*P. Da la impresión de que "la voluntad de creer" ha seducido a los ufólogos en masa, desde los más charlatanescos hasta los que escudaban su entusiasmo detrás de una bata blanca. ¿Creer, a pesar de todo, es el lema de la ufología?*

**R.** Hay un investigador español, Manuel Borraz Aymerich (6), quien ha diseñado una suerte de refranero ufológico, aplicable totalmente a nuestro caso, con la correspondiente dosis de ironía ibérica.

Por ejemplo: "Qué mejor prueba, que la falta de pruebas". Tiene razón Borraz: ése es típico argumento de los que denuncian las interminables conspiraciones gubernamentales. Dice: "un ovni se estrelló en la montaña X; los restos fueron recuperados por la Fuerza Aérea estadounidense". Cuando uno les pide alguna prueba para que demuestren sus increíbles aseveraciones, la respuesta es típica: "¿Pruebas? ¿Después de que el gobierno yanqui confiscó y ocultó todo? ¿Y más encima nos piden pruebas?". Parece que este gigantesco sofisma vale más que cualquier evidencia concreta. Así funciona la ufología.

*P. Me gustaron los refranes de Borraz. Otro, por favor.*

**R.** "Más vale platillo estrellado que cien volando". Piénsese en la obsesión por los platillos siniestrados, Roswell, Aztec, Socorro, etcétera.

"Un platillo es auténtico mientras no se demuestre lo contrario". Esto dice relación con la clásica inversión del "peso de la prueba", operada por los ufólogos. La metodología científica, el quehacer forense y hasta el sentido común exigen que *los que hacen una afirmación extraordinaria están obligados a respaldarla con evidencia extraordinaria*. No al revés, como parecen pretender los ovni-creyentes.

"Tantos no pueden equivocarse tanto". Lo que subestima burdamente la influencia de la cultura en el contenido de los testimonios. De hecho, actualmente *no hay testigo vírgenes*. ¿Quién, letrado e iletrado, no conoce el estereotipo del platillo volador y sus ocupantes?

"Detalles idénticos, detalles auténticos". Vale lo mismo que dijimos para el refrán anterior. Los detalles de las historias ovnísticas están omnipresentes en la industria cultural: la ciencia ficción literaria, las películas, los comerciales de televisión, nos demuestran el platillo iridiscente, el rayo que paraliza y eleva, el zumbido de vehículo alienígena.

"Testigo que repite vale por dos". ¿Existe un testigo más sospechoso que el que nos recuerda que "no es primera vez, señor, ya que hace años que vengo viendo ovnis"? No sé por qué estos testigos dudosos se convierten siempre en regalones de algún ufólogo.

"Que los pequeños detalles no estropeen un gran caso". "Platillo que muchos ven...".

**P.** *¡Suficiente! Supongo que el sector más serio de la ufología habrá discutido extensamente estos problemas.*

**R.** No con el énfasis deseable, pero algo de estos "secretos a voces" ha llegado a los cenáculos ufológicos. Celebro, entonces, las palabras que el ufólogo francés Michel Piccin –con una honestidad encomiable– planteara ante el Congreso de la Federación Francesa de Ufología, en 1978.

> *"Quiero preguntarles a ustedes, los ufólogos, si ha existido o existe un fenómeno original, aún sin identificar hasta este momento, que no pudiera, de alguna manera, ser producto de nuestra tecnología.*
>
> *No me hago ilusiones. Si les planteara esta pregunta, honestos como ustedes, se quedarían mirándome como quien mira el techo, sin murmurar siquiera una palabra... y al primero que diga 'sí', le pediré que presente las pruebas"* (7).

Eso es autoconciencia y equilibrio... ¡Ojalá todos los ufólogos fueran capaces de un ejercicio de higiene mental semejante! Mas, la autocrítica no es moneda corriente entre los operadores del mundo ufológico. Allí se trata de seguir creyendo, a toda costa, pese a las inevitables dudas que puedan ir socavando la firmeza y estabilidad de nuestras sacrosantas y más queridas creencias.

Por ejemplo, pese a que el fraude de la autopsia extraterrestre –promocionada por el "cara de hielo" y adinerado Ray Santilli– se ha hecho algo evidente para cualquiera que cuente con un mínimo de información, los ovni-maniacos siguen divulgando historias de estrellamientos de naves alienígenas y de las correspondientes autopsias. Por estos días se habla de un platillo volador siniestrado en la ex Unión Soviética. He visto el video una y otra vez; el montaje se huele a kilómetros de distancia. Afortunadamente Antonio Huneeus, ufólogo chileno radicado en Estados Unidos, ha puesto los puntos sobre las íes, declarándolo –sin ambages– fraudulento. De no ser por la providencial intervención de Huneeus, no tengo dudas de que en Chile se le estaría dando una gran publicidad al "ovni siberiano".

*P. ¿No estará usted exagerando la credulidad del estamento ufológico?*
**R.** De ningún modo. Por cierto, es un hecho palmario que hay ufólogos sensatos e intelectualmente competentes; pero la estructura misma del submundo ovnístico exige de sus integrantes la "voluntad de creer" de que hablaba el filósofo Gabriel Marcel. El gremio, en su sentido clásico, exige esta voluntad.

*P. "Voluntad de creer". ¿Está usted seguro de no padecer ese desorden volitivo?*
**R.** Por lo menos lo sufro en forma algo atenuada. De hecho, no he comprometido mis esperanzas personales ni mi integridad afectiva con el tema de la existencia de los ovnis. Nunca en mi vida (ufológica, se entiende) me he sentido más abierto a cualquier tipo de conclusión, sea positiva o sea negativa, sobre la verdadera naturaleza de estos ingenios volantes.

Llevado a definir mi posición crítica, tal como veo estos asuntos actualmente, usaré la frase del investigador belga Jacques Scornaux (de orientación psicosocial): *"si los ovnis existieran, descubrirlos sería imposible"*. Lo digo por las mismas razones que Scornaux, ya que si hubiera un fenómeno original, la confusión armada por los ufólogos ha sido tan grande que han vuelto una tarea imposible separar la auténtica melodía del ruido de fondo.

*P. ¿En qué medida los ufólogos han armado la confusión que usted denuncia?*

**R.** Han amontonado fantasías sin cuidado, prevención ni mesura. Pero quiero aclarar que mi adhesión al postulado neoescéptico de Scornaux es sólo parcial, pues no niego la posibilidad de encontrar la gema sagrada tras las inmensas acumulaciones de caos e infundios.

Por consiguiente, me declaro ufólogo crítico, no necesariamente escéptico, aunque mi escepticismo frente a la mayor parte del tinglado ovnístico resultará evidente para el lector. Soy, en resumen, un agnóstico del tema, más escéptico que creyente, aunque cobijando en mi interior inconfesables tendencias paraufológicas.

*P. Es usted algo contradictorio y confuso, ¿no es así?*

**R.** ¡Por supuesto! Como cualquier hijo de vecino. ¿Por qué tendría que exhibir una claridad absoluta en un tema tan resbaladizo? En una ocasión, Antonio Huneeus señalaba que su escepticismo y su credulidad variaban según como amaneciera; me reconozco plenamente en esas palabras, aunque jamás me alinearía con el sensacionalismo y los intereses crematísticos vinculados a la ufología.

Para concluir, quiero reproducir las palabras del investigador francés Claude Maugé, a quien ya hemos citado, pues define admirablemente la cuestión:

> *"A pesar de algunas objeciones perfectamente legítimas, parece que la hipótesis socio-psicológica ha comenzado a tomar cierta consistencia, volviendo cada vez más inútil convocar a extraterrestres o fenómenos psi. De todos modos, para tener acceso a un eventual fenómeno OVNI en sentido estricto, es necesario descortezar la escoria socio-psicológica con la que los medios y los ufólogos nos han embetunado durante más de 40 años. Puede ser que la pepita, en definitiva, esté hecha del mismo material que la ganga, algo que temo bastante, pero también puede que sea de un material brillante y precioso"* (8).

El estamento escéptico español le reprocha a Vicente-Juan Ballester Olmos (exponente de un escepticismo moderado) su incesante e inacabada búsqueda del "santo Grial" del fenómeno originario. Para mí, los enfoques psicosociales son imprescindibles para comprender el fenómeno OVNI, aunque no estoy seguro de que logren agotar la totalidad arquetípica, simbólica y, si es posible, inteligente del mismo. Eso explica la vacilante ambigüedad con que deambulo desde autores como Vallée hasta Méheust, desde Vieroudy hasta Lagrange, los que serán tratados más extensamente en la posterior secuela de este libro (9). Y, sin perjuicio de que si a este cóctel –para algunos indigesto– le agregamos algo de psicología transpersonal y epistemología cibernética... la ufología teórica se convierte para mí en algo no fácilmente definible, pero sí muy apasionante.

De cualquier modo, y a propósito del "ruido de fondo" social que ha rodeado a los ovnis desde su entronización en los recovecos insondables de la imaginación humana, quiero cerrar este acápite con el propio Maugé:

> *"La paradoja sería entonces que los ufólogos hubiesen impuesto un ocultamiento del fenómeno verdadero de una manera bastante más eficaz que la de los medios oficiales o de los científicos racionalistas que tanto deploran"* (10).

# NOTAS

(1) Ver a Morales en su artículo "Patologías ufológicas", en *Cuadernos de Ufología*, Nro. 11, Segunda Época, pps. 59-60. Santander, 1991.

(2) Pomaire, Barcelona, 1966. La edición que yo manejo es de Plaza y Janés, Barcelona, 1974.

(3) Lima, 1969.

(4) Ver a Claude Maugé: "La ufología funciona como un sistema de creencias", en *Cuadernos de Ufología*, Nro. 7, Segunda Época, pps. 60-64, Santander, 1990. También es recomendable de Maugé "El fenómeno real, cuestionado", en *UFO-Press*, Nro. 20, año VII, Buenos Aires, 1984.

(5) Ver "Confesiones de un ufólogo", en *Cuadernos de Ufología*, Nro. 6, pps. 68-69, Santander, 1989.

(6) En "Extractos de 'sabiduría ufológica' (Consejos del conde Lucanor a su hijo)", en *Cuadernos de Ufología*, Nro. 24, Tercera Época, p. 106, Santander, 1998.

(7) En "Lo que la ufología no hubiera debido ser", en *UFO-Press*, Nro. 20, Año VII, pps. 13-15, Buenos Aires, 1984.

(8) Ver "Le phénomène OVNI: un bref état de la question", en Thierry Pinvidic: *OVNI, vers une anthropologie d'un mythe contemporain*, Heimdal, París, 1993. P. 41.

(9) Véase *Érase una vez en Ovnilandia*, tomos 1 y 2. Ambos publicados por Editorial Coliseo Sentosa en 2019.

(10) Maugé, ídem.

*Se refiere al conocido caso de los 33 mineros atrapados en la mina San José el 5 de agosto de 2010 y rescatados con vida 69 días después.*

# CAPÍTULO III
## ¿Extraterrestres?

*En verdad, no podemos argüir razonablemente que porque algunas cosas que antes se creían fantásticamente imposibles han resultado posibles, todas las cosas que parecen fantásticamente imposibles en la actualidad serán posibles en el futuro.*
**Luis R. González Manso**

## La negra y fría noche del universo

No existe una clara noción del tamaño del universo y de las distancias entre las innumerables estrellas: son *portentosas, aterradoras*. La luz se desplaza a una velocidad aproximada de 300.000 kilómetros por segundo. Nótese: *en un segundo*. Un minuto luz es ya una distancia increíble (multiplíquese 300.000 x 60). Sigamos imaginando, con calma, una hora luz, un día luz, una semana luz, un mes luz. Ya un año luz representa una distancia fantástica, casi imposible de concebir para nuestra mente. ¿De cuantos segundos consta un año, si hay 60 en un mísero segundo? ¡Y por cada segundo la luz recorre 300.000 kilómetros! Pues bien, la estrella más cercana al Sol, Alfa Centauro, se encuentra a unos ¡4,3 años luz de nosotros!

*P. Con nuestros actuales medios técnicos ni siquiera podemos soñar en llegar a Alfa Centauro.*

**R.** Hay que detenerse un poco más en este punto. Debemos recalcar que un año luz es una distancia increíble para nuestros esquemas ordinarios de pensamiento. Ernest von Khuon, discutiendo críticamente las ideas de Erich von Däniken, hacía las siguientes consideraciones:

> *"Transcribiéndolo en kilómetros (a un año luz) sería (aproximadamente) un 9 seguido de 12 ceros. Calcúlenlo ustedes: ¡365 por 24 por 60 por 60 por 300.000 kilómetros! (...) La velocidad mínima de un cohete que quisiera ir más allá de nuestro sistema solar y, por lo tanto, escapar a la fuerza de atracción del Sol, tendría que ser de 17 kilómetros por segundo. Una nave de estas características necesitaría 76.000 años solamente para el viaje de ida. Incluyendo también el viaje de vuelta, en la Tierra habrían pasado 5.000 generaciones. Esta es la realidad de las distancias medidas en años luz" (1).*

Y esto, sin mencionar siquiera las inmensas cantidades de energía que demandaría un viaje de tan portentosas características. Un viaje que, "apenas", estaría dirigido hacia la *estrella más cercana a nuestro Sistema Solar*, es decir, a la bagatela de 4,3 años luz.

Ah, pero cuando usted diga eso, inmediatamente aparecerá el ufólogo que, con cara de satisfacción triunfal y voz solemne, le dirá: "nosotros no tenemos la tecnología adecuada... pero 'Ellos' sí la tienen. En el pasado, nadie habría soñado con los aviones, los satélites, los computadores, las tetas de silicona, los hornos microondas, las bombas atómicas, etcétera, y ya ve en lo que estamos. Lo que ayer parecía imposible hoy es una candente realidad".

¿Quién no ha escuchado alguna vez estos "argumentos"? ¿No son usados hasta la náusea, para justificar cualquier afirmación, no importando lo descabellada que sea?

**P.** *No obstante, usted no puede negar que la historia del conocimiento y del progreso técnico está llena de ejemplos de ideas que, en un principio, fueron consideradas heréticas o absurdas... hasta que el tiempo las reivindicó como posibles. Actualmente, usted puede viajar desde Santiago* *a Lima en cuatro horas; hace un siglo habría tardado una enormidad en hacerlo. Le podría multiplicar los ejemplos.*

**R.** Soy muy consciente de tales ejemplos. Pero, a su vez, creo que el progreso de la física contemporánea, el increíble salto dado desde la Revolución Cuántica y la teoría de la relatividad... ha abierto la mente humana a insospechadas posibilidades; también ha contribuido a acotar *los límites fundamentales de las cosas existentes en el universo*. Esas limitaciones no son arbitrarias, pues arrancan de la estructura misma del cosmos. La velocidad de la luz es uno de esos límites insuperables; si los físicos afirman que no puede ser rebasada por una nave espacial, no lo hacen porque son unos pigmeos mentales, refractarios al progreso... Sucede que la investigación sobre el universo físico está atando cabos sueltos por todas partes, mientras se descubre el carácter no arbitrario y no antojadizo de su estructura. Por así decirlo: Dios no pudo haber creado este universo de una forma distinta de como lo hizo, con prescindencia de las "leyes" que lo gobiernan.

El argumento de "hoy no podemos, mañana sí" desconoce la cosmovisión de la física actual, convirtiéndose en una mera petición de principio. Es un argumento no lógico, sino cuasi-religioso: "Ellos" (los extraterrestres) que todo lo pueden, que todo lo saben, que todo lo hacen. *Así no vale.*

La física nos enseña que la velocidad límite es la de la luz. Se dirá que nuestra física es actual y terrestre; y que una física del 2080 podría decirnos algo distinto. Pero es la que actualmente tenemos y sobre la que cimentará sus logros la física del futuro. Ésta, quizás, sólo se limite a confirmar lo que ya sabemos sobre el universo. En cualquier caso, se trata de puras especulaciones, huérfanas de toda base científica real. El hecho de que haya una biología del 2080, ¿invalida el conocimiento que poseemos sobre, por ejemplo, los microorganismo que producen la malaria o la peste bubónica? ¿Se negarán estos incuestionables descubrimientos? Pensar así es desconocerlo todo sobre la historia de la ciencia.

## A la vuelta de la esquina...

*P. Estábamos en el tema de las distancias.*

**R.** Hay que recordar que Alfa Centauro ya nos resulta inalcanzable. ¿Qué queda para el resto de las estrellas de nuestra galaxia? La Vía Láctea, de cabo a rabo, mide la bagatela de ¡¡100.000 años luz!! ¡¡Nuestra pura galaxia!!

Y todo esto a la velocidad de la luz, la que ni remotamente podemos alcanzar. Hoy tardaríamos *millones de años* (sí, MILLONES) en llegar al centro de la Vía Láctea. Si es que llegamos... Por supuesto, ni hablemos de alcanzar el otro extremo.

Ahora, vamos a las galaxias. Los astrónomos hablan de unos 1.500 millones de galaxias (otros sostienen que existe el doble) en el universo. Pues bien, la galaxia más cercana a la Vía Láctea, la nebulosa de Andrómeda, se encuentra a una distancia de ¡¡dos millones de años luz!! Con nuestra tecnología, la contracción final del universo (el hipotético "Big Crunch") sobrevendría mucho antes de que pensáramos en acercarnos siquiera a Andrómeda.

**P.** *Usted lo dijo: "con nuestra tecnología".*

**R.** Olvidaba que "Ellos todo lo pueden y todo lo saben". Y, sin embargo, sus platillos voladores, súper tecnológicos, andan a los choques con la superficie terrestre. En uno de sus mejores momentos, el ufólogo español Manuel Carballal escribía:

> *"Físicamente es imposible que un cuerpo sólido, metálico, una astronave en definitiva, se acerque siquiera a la velocidad de la luz. ¿Cómo imaginar entonces un platillo volante que recorre 8,7 años luz entre Sirio y la Tierra? Un desplazamiento desde esos remotos lugares del cosmos implicaría una tecnología que rayaría en lo sublime. Las inteligencias extraterrestres deberían eliminar la masa de esos objetos, tal vez convertirse en fotones que viajan en la misma luz; tal vez 'pliegues del espacio', otras dimensiones... En definitiva, el desplazamiento habría de ser mucho más fantástico y 'etérico' que una máquina metálica, y desde luego, nada que tenga parecido remoto con nuestra tecnología astronáutica.*

*Cierto es que los OVNIs dejan pastos quemados en algunos aterrizajes. Pero si existe pasto quemado, chamuscado, es porque se produce una combustión. ¿Y acaso pretendemos que los motores de los ovnis son de combustión? ¿Intenta el ufólogo argumentar que los ovnis son astronaves a gasolina? De ser así, no es de extrañar que se pegasen el gran castañazo cósmico de Roswell..." (2).*

**P.** *Problemática, entonces, la visita por parte de los extraterrestres.*
**R.** Tan problemática que roza la imposibilidad. En lo personal, considera que si por ventura logramos contactarnos con una civilización extraterrestre, tal comunicación sólo será posible mediante radiotelescopios.

**P.** *En lo tocante al tema de los límites físicos y astronómicos de los viajes interestelares (no hablemos ya de viajes "intergalácticos"), ¿no extrapola usted demasiado a partir del nivel de nuestro progreso técnico?*
**R.** Mis extrapolaciones son mucho más modestas que las realizadas permanentemente por los ovni-maníacos. Proyectan, en los presuntos visitantes alienígenas, todos los elementos de la ciencia ficción concebidos en el siglo XX: su tecnología, sus propósitos, su aspecto físico... Hasta nuestras tonterías están ahí, en el comportamiento estereotipado y cómico de estos extraterrestres de literatura mediocre.

**P.** *Me gustaría que ordenáramos un poco las objeciones físicas a la HET tradicional.*
**R.** Una excelente presentación de tales objeciones fue hecha, a principios de la década de los 80 del siglo anterior, por el investigador español Luis R. González (3). Según González, el gran obstáculo de las distancias siderales puede desglosarse en tres apartados, a saber:

1. La existencia de seres extraterrestres con una tecnología superior
Si bien en esta materia existe una gran diversidad de cálculos (desde los más pesimistas que la creen cercana a cero, hasta los más optimistas –al estilo de Carl Sagan– que suponen la presencia de

incontables civilizaciones tecnológicas en el universo), la conocida fórmula de Green Bank sugiere la siguiente proporción:

UNA CIVILIZACIÓN TÉCNICA POR CADA TRES MILLONES DE SOLES

Esto arroja una distancia media (entre dos civilizaciones técnicas) de ¡100 años luz! Se trata, naturalmente, de un cálculo optimista.

### 2. La barrera universal de la velocidad de la luz
Aquí cedo la palabra al propio Luis González:

> *"De una manera simple podemos decir que toda la energía aplicada al movimiento de un objeto se traduce en un aumento de velocidad y masa. A velocidades ordinarias, la mayor parte de la energía supone un aumento de velocidad, pero a velocidades cercanas a la de la luz ocurre lo contrario hasta que, si la velocidad de la luz pudiera ser alcanzada, la masa sería infinita. En resumen: ningún objeto que tenga masa en reposo puede viajar a la velocidad de la luz.*
> *Este es un hecho comprobado y aceptado por todos. Y no será porque los científicos no se hayan molestado en encontrar algún fallo. ¡Sería la noticia del siglo y un premio Nobel seguro!" (4).*

**P.** *Pero existen partículas que pueden viajar a la velocidad de la luz e incluso superarla eventualmente.*
**R.** Usted lo dijo: se trata de partículas, sin masa en reposo. Los luxones y los taquiones no son platillos voladores.

Por consiguiente, a velocidades inferiores a la de la luz, un viaje interestelar constituiría una empresa increíble, cercana a la locura: podría tardar miles, quizás millones de años en llegar a destino. ¿Qué clase de tripulación sobreviviría a un viaje de esas fantásticas características? Claro, se argüirá que los tripulantes permanecen en hibernación, o son autoclonados perpetuamente, o son inmortales, o... en fin, miles de molestias para venir a este rinconcito perdido de la Galaxia. Los extraterrestres, esos obsesos...

*P. La HET simple es tremendamente compleja.*

**R.** Compleja hasta la infinitud, pues requiere apoyarse en soluciones cada vez más especulativas y que, al igual que las distancias que liberalmente encara, parecen no tener límites.

Disquisiciones tan interminables como un viaje a otra galaxia. Un físico estadounidense, William Markowitz, planteó algunas de estas complicaciones en un artículos de la revista *Science*, que llevaba por título "La física y la metafísica de los OVNIs" (5). Markowitz recordó el hecho de que cuando un vehículo surca el espacio a velocidades cercanas a la de la luz, la más leve mota de polvo cósmico o el más insignificante átomo de hidrógeno libre en el espacio (sobreabundantes en toda la Vía Láctea) se convierten en una portentosa amenaza para aquel vehículo; de hecho, cualquier choque con alguna de esas minucias, a velocidades relativistas, desembocaría en una ¡colisión espectacular! El polvo cósmico destruiría a la hipotética y súper avanzada astronave.

Dicho esto, vamos al tercer apartado:

### 3. Las consideraciones energéticas

La mayoría de las especulaciones ufológicas pro-ET parecen ignorar que las fuentes de energía no son ilimitadas y para el aprovechamiento de las mismas también está limitado por importantes restricciones. Recordemos que estamos sujetos a la ley universal de la entropía, la que nos lleva a constatar que nunca podremos servirnos con total eficiencia de cualquier fuente energética.

## ¿Seremos anfitriones alguna vez? ¿Lo somos ya?

*P. De todos modos, la HET tiene un gran poder explicativo.*

**R.** Sin duda, la gran ventaja de la HET es su amplitud y su cajón de respuestas para la mayoría de las cuestiones enigmáticas suscitadas por el fenómeno OVNI. Me temo, sin embargo, que esta hipótesis omniabarcante enfrenta terribles dificultades.

*P. Fuera de la ufología y la HET, ¿qué probabilidad existe de que recibamos una visita extraterrestre?*

**R.** Dados a especular, los científicos no han sido tímidos a la hora de calcular tales probabilidades. Por todos, me quedo con la opinión de Carl Sagan:

> *"Supongamos que cada una de ese millón de civilizaciones técnicas lanza Q vehículos espaciales interestelares. Supongamos que solo se establece un contacto por cada viaje. En una situación estable, hay algo así como 10Q vehículos interestelares al año, de manera que se lanzan por año $10^6$ Q llegadas a uno u otro lugar por año. Ahora bien, seguramente hay unos 10 lugares interesantes en la Galaxia dignos de ser visitados (hay varias veces 10 estrellas) y, por tanto, una medida de $1/10^4 = 10^{-4}$ llegadas a cualquier lugar interesante (digamos un planeta) por año. Así pues, si tan sólo un OVNI ha de visitar la Tierra cada año, podemos calcular cuál es el índice medio de lanzamientos por año en la Galaxia. Esto parece excesivo. Aun cuando imaginemos una civilización mucho más avanzada que la nuestra, el hecho de lanzar diez mil vehículos para que tan sólo aparezca aquí uno, probablemente es pedir demasiado" (6).*

**P.** *Usted, definitivamente, no es partidario de la hipótesis extraterrestre (HET).*

**R.** Por cierto, me parece que el modelo ofrecido por la HET ha quedado desfasado con respecto a la evolución general de la ufología más vanguardista. Quizá la HET bastara como modelo hace unas tres décadas; mas, luego de los embates de la paraufología y la hipótesis psicosociológica, la dura materialidad de los ovnis –en cuanto máquinas procedentes del espacio exterior– quedó completamente en entredicho. ¿Qué ufólogo serio, hoy en día, sigue proponiendo teorías sobre el modo de propulsión de los platillos voladores?

Sin embargo, puede sostenerse, quizás, un modelo no simplista, no literal, de la HET.

**P.** *¿Por qué no le parece defendible la HET simple?*

**R.** Se le han hecho objeciones que son insalvables. Las más graves son de orden astronómico, cosmológico y físico. Sobre este punto, debo decir algo que puede sonar muy presuntuoso e insultante, pero no estoy dispuesto a callármelo... La mayoría de los ovni-creyentes desdeñan estas objeciones porque no las comprenden... y no las comprenden no por falta de inteligencia, sino por falta de información y cultura científica, es decir, por desconocimiento e ignorancia...

Queda claro, entonces, que no son ni la soberbia ni la estrechez mental las que me llevan a distanciarme de la HET. Ahora, continuando con mi planteo, quiero remitirme a un contundente ensayo de Jacques Vallée, *Five Arguments Against the Extraterrestrial Origin of Unidentified Flying Objects* (7); partamos con el primero de esos argumentos: *la frecuencia de los avistamientos reportados*, (objeción del *"volumen de tráfico"*). Pues ya mencionamos la tremenda improbabilidad de recibir una visita interplanetaria: es cercana a cero. Pero los ufólogos nos hablan de un volumen de avistamientos desconcertante: ovnis aquí y allá, por todos lados, ¡y durante medio siglo jugando a las escondidas! ¡Medio siglo! Es de imaginarse una misión espacial tan dilatada... ¡y sin dejar rastros evidentes! Hay que recalcar la incongruencia –por no decir absurdidad– de la HET simple: miles de ovnis, miles de veces, durante cincuenta años. ¿No será como mucho?

Los creyentes, eso sí, no se amedrentan ante nada. Según algunos de ellos, nos visitan varios tipos de alienígenas, procedentes de diversos sistemas solares. Hay quienes denuncian la presencia en nuestro planeta de 40 (y hasta 50) "razas de extraterrestres" (todas humanoides, por supuesto). O sea: la mínima posibilidad convertida en regla del turismo espacial. Hay Tierra-manía en la galaxia. Está de moda venir a la Tierra. ¿Es que somos tan interesantes o, más bien, infinitamente ingenuos?

**P.** *¿Cuál es el segundo argumento?*

**R.** *La fisiología de los seres.* Como ya lo señalé, este fue el primer aspecto del fenómeno ovni que me causó desconfianza y sembró la duda en mi ideario ufológico. Me remito, por tanto, a lo dicho anteriormente.

**P.** *¿Nada que agregar?*

**R.** Un detalle anatómico aparte. Usted tiene que haber visto a esos ETs cabezones y de cuello largo y frágil. ¿Se imagina cómo quedaría ese cuellito con una acelerada brusca superior a la velocidad del sonido?... Y se supone que los ovnis, en sus teóricos viajes interestelares, se acercan –o superan, según los más delirantes– a la velocidad de la luz. No entiendo cómo es que llegan vivos a la Tierra (y hasta llegan con ganas de pasarlo bien, a juzgar por los lujuriosos relatos de algunas abducidas).

*P. Bien. ¿El tercer argumento?*
**R.** *Los casos de secuestros o abducciones.* La correspondencia entre el "escenario de abducción" y elementos muy reconocibles de nuestra propia cultura en tal escenario (tema sobre el que volveré más adelante), vuelven sospechoso el supuesto origen extraterrestre de toda la experiencia. Ésta, generalmente, más parece un psicodrama que un secuestro a manos de alienígenas.

Independientemente de lo anterior, la tecnología médica que revelan las abducciones es lamentable. Camas rústicas, material quirúrgico irrisorio, intervenciones sin anestesia, en fin, generalmente es la propia cultura médica del testigo o abducido la que se manifiesta en su relato: la forma de hacer los exámenes o el contenido de los mismos. Y se supone que los avanzadísimos alienígenas están "estudiando" a los secuestrados... con un instrumental que deprimiría aún más a nuestro ministro de Salud.

Además, la panoplia restante del abduccionismo (hibridación humano-extraterrestre, fetos mantenidos en curiosos tubos de vidrio, etcétera) está llena de absurdos biológicos y de grotescas implicaciones... que hacen que nuestros científicos sonrían con sorna ante la rusticidad de sus supuestos colegas alienígenas.

*P. Vamos al cuarto argumento.*
**R.** *La historia del fenómeno.* Bueno, en alguna medida este argumento guarda relación con el "volumen de tráfico". Aunque ahora la reflexión se centra en las noticias sobre fenómenos aéreos anómalos, *previo a 1947.* Primero, la extraña "nave aérea" que recorrió los cielos de Estados Unidos entre 1896-97, con el aspecto propio de las máquinas

descritas en las novelas de Julio Verne. Esos armatostes –tal vez fuera uno solo– se dejaban ver impunemente; sus tripulantes eran humanos salidos casi sin mediaciones de la literatura misteriosa de la época y hasta conversaban muy relajados con los testigos. Algunos pensaron que un científico loco (o una cofradía de ellos) estaba detrás de estos enigmáticos ingenios volantes.

Segundo, los "aviones fantasmas" del norte de Europa, vistos a partir de 1933. Se trató de misteriosos aeroplanos, sin insignias ni distintivos de ningún tipo, que parecían desafiar las posibilidades de la aeronáutica contemporánea. Las especulaciones, en ese momento, fueron por el lado de las "armas secretas" (rusas o alemanas) y todo pareció quedar en orden hasta que, mucho después, se empezó a sugerir la connotación ufológica de estos sucesos.

Ahora bien, la lista de prodigios celestes y misteriosos es abundantísima. Tales visiones han acompañado al género humano a lo largo de toda su historia y los paralelismos con la ufología son evidentes. Incluso, la larga secuela de acontecimientos posteriores a 1947 nos habla de una saga demasiado prolongada, con innumerables capítulos confusos y contradictorios, como para que pensemos que una misión espacial científica explora nuestro planeta.

Finalmente, *el quinto argumento, las limitaciones de orden físico*, ya fue expuesto al comienzo de este capítulo.

## No hay que cerrarse...

*P. ¿No hay un cierto grado de antropocentrismo en tales argumentos?*

**R.** De ningún modo; como le expliqué antes, yo estoy persuadido de que existe vida inteligente en otros lugares de universo, pero no creo que eso tenga relación material y directa con el fenómeno ovni.

En cambio, el antropocentrismo lo ponen los ovni-creyentes, que proyectan todos los elementos de nuestra cultura a los supuestos visitantes extraterrestres. Las intenciones de los alienígenas, su discurso, su aspecto físico, todo ese entorno de ciencia ficción (pocas veces de la buena) que los rodea, en fin, en toda esa parafernalia cósmica, está demasiado presente la mano de los ufólogos, los modeladores del mito, como para que podamos adjudicarle un origen extraterrestre. En realidad, nada hay más antropocéntrico que el cúmulo tradicional de creencias ufológicas... ¡si hasta deben parecerse a nosotros! Y cientos de extraterrestres nos visitan, incesantemente; de pronto toda la atención galáctica concentrada en este marginal rinconcito del cosmos, en este ordinario suburbio de la Vía Láctea... ¿no es acaso tal pretensión mucho más antropocéntrica que el sano escepticismo?

**P.** *¿Descarta usted completamente la HET?*
**R.** No, pues como decía Hynek, sería una locura hacerlo. Si existe un fenómeno ovni original, la *HET reformulada* podría ser una respuesta plausible. Pero la HET simple, la que comúnmente defienden los ufólogos y creyentes, es insostenible en sí misma y, para peor, no encaja con la historia y desarrollo del fenómeno ovni.

**P.** *En el ámbito ufológico, ¿alguien ha planteado seriamente un modelo no simplista de HET?*
**R.** Un modelo no simplista de HET fue propuesto, con gran solvencia intelectual, por el físico español Miguel Guasp, en un trabajo titulado *Universos ortogonales* (8). Según Guasp, podemos determinar la existencia de cuatro universos interpenetrantes, que se cortan ortogonalmente:

> *"(...) era tal el significado de aquellos cuatro universos, que una dimensión espacio, en uno de ellos, sería una dimensión tiempo en los otros tres y, viceversa, una dimensión temporal sería una dimensión espacial en los restantes. Desde un punto de vista teórico, los otros tres universos aparecerían imaginarios respecto del nuestro" (9).*

Las especulaciones de Guasp no se quedaban en medias tintas. Para su constructo teórico, nuestros visitantes quizá tendrían la posibilidad de viajar hasta acá... mediante un fantástico procedimiento:

> *"(...) un desplazamiento en el espacio de un universo equivaldría al desplazamiento en el tiempo de otro universo,*

*de modo que mediante esa hipotética experiencia el primer*
*universo estaría en facultades de conocer la historia y destino*
*del segundo" (10).*

Esto explicaría, según Guasp, el desmedido interés de los ovnis por nuestro mundo; con sólo aparecer aquí, obtendrían información sobre su propio destino y tiempo. Es una perspectiva excitante y sobrecogedora; sin embargo, es responsabilidad de su autor dar cuenta de la audacia especulativa que la sustenta.

# NOTAS

(1)    En *Los dioses vinieron de las estrellas*, Editorial ATE, Barcelona, 1978, pps. 24-25.

(2)    Manuel Carballal: "Objeciones lógicas contra la hipótesis extraterrestre", en *Perspectivas Ufológicas*, Nro. 2, México, 1994.

(3)    En "La hipótesis extraterrestre (II)", en *Stendek*, CEI, Barcelona, Nro. 44, 1981, pps. 7-9.

(4)    Op. Cit., p. 7.

(5)    William Markowitz, en revista *Science*, noviembre de 1967, p. 1274.

(6)    Carl Sagan: *La conexión cósmica*, Editorial Plaza y Janés, Barcelona, 1978.

(7)    Este ensayo, traducible al español como *Cinco argumentos contra el origen extraterrestre de los ovnis*, está incluido en el libro de Vallée *Révélations. Contact avec un autre monde ou manipulation humaine*, Robert Laffont, 1994, pps. 327-347.

(8)    "Ortogonal Universes", en *Data-Net*, VII, 3, 1973, pps. 2-4.

(9)    Ídem.

(10)   Ídem.

# CAPÍTULO IV
## Tres grandes límites
## de la ufología ortodoxa

*Las cosas inexplicables son simplemente*
*cosas inexplicables y nunca pueden constituir*
*evidencia para una hipótesis.*
**Hudson Hoagland**

## La llegada de los humanoides

Un primer problema-límite de la ufología ortodoxa, estuvo constituido por el irresistible aumento de los informes de aterrizajes de ovnis... con entidades humanoides asociados a los mismos. Los humanoides, por la absurdidad inherente a su aspecto físico y a su errático comportamiento, fueron rechazados e ignorados –en un primer instante– por la corriente principal de la ufología. Por ejemplo, la compilación del NICAP de 1964, *The UFO evidence* (1), omite sin contemplaciones la casuística que involucraba a los supuestos ovninautas. A su vez, Josef Allen Hynek se mostraba muy reacio a tomar en serio ese tipo de informes, pues los consideraba francamente ridículos e inverosímiles. Finalmente, comprendió que los episodios con humanoides resultaban *indisociables del resto de la fenomenología ovni,* así que terminó incluyéndolos en su ideario, sobre todo con su famosa categoría de "encuentro cercano del tercer tipo".

En realidad, los ufólogos de corte más cientificista comenzaron a aceptar a regañadientes los informes de tales humanoides, hasta que terminaron acostumbrándose por completo a esta nueva (en ese momento, claro) variante del folklore ufológico.

**P.** *Me imagino, en todo caso, que el hecho de que los humanoides no fueran separables del fenómeno ovni en general y que adquieran carta de naturaleza en los catálogos de casuística, ha de haber provocado no pocas discusiones entre los ufólogos.*

**R.** De hecho, uno de los investigadores más conscientes del nuevo cúmulo de problemas teóricos que se avecinaba, fue Donald B. Hanlon. Como tantos otros hicieron después, Hanlon se preguntaba por la gran variedad de formas descritas de ovninautas (2):

-Gigantes
-Enanos peludos
-Robots
-Hombrecillos de traje luminoso
-Hombres rubios y altos

La correspondencia de estas curiosas entidades con la fauna cósmica de la ciencia ficción, resultaba demasiado evidente para ser ignorada por un observador imparcial. Hanlon se da cuenta de que la cosa puede volverse rápidamente indigerible y termina sometiéndose a la típica escapatoria al uso (desde entonces): la gran variedad de visitantes es consecuencia de la gran diversidad de orígenes. Y como en estas aventuras teóricas se necesita ser coherente, Hanlon reprochó a Vallée la exclusión de los informes sobre gigantes y las excesivas reservas sobre los seres rubios... O sea, "ya que estamos en esto, afrontemos los riesgos hasta el final".

Posteriormente, los ufólogos no pararon de hacer tipologías de los supuestos extraterrestres, en los cuales uno podría encontrar prácticamente de todo (hasta especímenes parecidos –si es que no iguales– a "mi amigo Mac"). La más famosa de estas clasificaciones fue la confeccionada por el investigador brasileño Jader Pereira, que hoy se encuentra algo desfasada.

Para mí, el valor de estas taxonomías es más bien *folklórico*, en el mejor sentido del término, es decir, antropológico. La abigarrada fauna alienígena de hogaño, quedará como tributo para los futuros mitólogos.

**P.** *Entonces, para usted, la diversidad de apariencias no revela la existencia de una diversidad de orígenes.*

**R.** En absoluto. Me parece que tal multiplicidad es muy sospechosa y puede fácilmente ser reconducida al conjunto de sueños y pesadillas que, desde el alba del mundo conocido, han acompañado al ser humano. Creo, entonces, en el origen único de todas esas manifestaciones.

**P.** *¿Y en cuanto al comportamiento absurdo de los humanoides?*

**R.** Pienso que este punto merece un análisis detenido, más allá de los clichés que se han implementado largamente en la historia de la ufología. Comportamiento absurdo... ¿para quién? Y, ¿qué debemos entender por "absurdo"?

Algo de razón tienen los ufólogos pro-ET, cuando aducen que no tenemos por qué esperar de los visitantes espaciales un comportamiento que, según nuestros patrones de conducta, sea calificable de racional o, siquiera, serio. ¿Por qué tendrían que actuar como tontos graves que lo único que quieren es tomar muestras y hacer exámenes científicos? ¿Por qué no pueden jugar, hacer bromas o sencillamente y sin paños tibios, incurrir en estupideces sin sentido? A la exagerada creencia de que los extraterrestres deben ser unos hiperracionales pelmazos, los ufólogos han llamado, no sin razón, "el síndrome del Sr. Spock".

Ahora bien, la mayoría de los ufólogos sostienen que la calificación de "absurdidad" es antropomórfica. Sin embargo, y tal como lo expresé antes, nada hay más antropomórfico y antropocéntrico que las proposiciones clásicas de la ufología. Entonces, se puede subrayar lo absurdo de la conducta de los ovninautas, con toda legitimidad, sin temor a ser tildado de reduccionista.

En uno de los grandes libros de la ufología ortodoxa de orientación científica (3), Vicente-Juan Ballester Olmos y Miguel Guasp abordan este problema, adoptando una salida clásica, pero elegante:

*"Pero resulta equivocado inferir de este comportamiento que los ocupantes de los OVNIs dan muestra de carecer de objetivos concretos o de comportarse poco inteligentemente y, en consecuencia, al no ser ello compatible con la noción de una civilización supertecnificada, asumir de que la HET (hipótesis extraterrestre) debe ser rechazada. A nuestro juicio, el racionamiento más objetivo consiste en reconocer que ni entendemos su comportamiento ni sus planes"* (4).

Recurriendo a ideas de la psicología de la percepción, teorizan sobre el posible shock de un individuo humano que se convierte en testigo del aterrizaje de un ovni y del descenso de sus tripulantes. Siguiendo a Thomas Gates, sospechan que la inteligencia ovni busca comunicarse con el ser humano a partir de un proceso de "transferencia de imágenes", las que –en virtud de nuestro rudimentario cerebro– sólo percibimos en fragmentos inconexos, lo que nos da la impresión global de absurdidad:

*"El hombre, en el estadio evolutivo elemental en el que presumiblemente se encuentra, no ha desarrollado aún ciertas formas de percepción avanzada como la que estaría involucrada en esta transferencia de imágenes; de ahí la sucesión de recuerdos insólitos y absurdos que nos refieren los testigos, los cuales serían entonces el resultado de una comunicación frustrada"* (5).

Es un punto de mira interesante.

**P.** *Supongo que otro problema que habrá ocupado a los ufólogos es el de la diversidad de intenciones o conductas de los humanoides.*
**R.** Diversidad que, a veces, se acerca a la incompatibilidad de comportamientos... Al respecto, los ufólogos –desde Frank Edwards en más– han elaborado una suerte de fábula explicativa. Mi propia versión, que adapta la principal, es la siguiente: supongamos que se descubre en el corazón del Amazonas un pueblo aborigen, que jamás ha entrado en contacto con el mundo moderno. Muchos son los que se aventuran a

visitarlos: un grupo de misioneros que desea predicarles el Evangelio; unos antropólogos que desean estudiarlos; unos capitalistas del caucho que van a comprarles sus tierras; unos buscadores espirituales que organizan un festival new age al descampado; unos guerrilleros que les proporcionan un alzamiento armado para defensa de su terruño; unos militares que les acusan de estar en contubernio con la guerrilla, etcétera. ¿Qué imagen se formarían esos aborígenes sobre el "hombre civilizado"? Jamás pensarían que han tenido que vérselas con un único tipo de visitantes. Por el contrario, creerían que sus huéspedes forzados son muy distintos entre sí.

## Más allá de la ufología

Un segundo límite de la ufología clásica está constituido por el llamado "problema del no-contacto". La forma clásica de exponer este problema es: ¿por qué unos hipotéticos visitantes del espacio recorrerían millones –quizá billones o trillones o más– de kilómetros, por medio de un desgaste energético prodigioso, con el solo propósito de pasear erráticamente por nuestra atmósfera, sin jamás tomar contacto con los habitantes de este planeta?

*P. Pero los ufólogos protestarán diciendo que el contacto ya se ha realizado, por ejemplo, en las abducciones. Y ni hablar del movimiento contactista; sus miembros le dirían que vienen siendo contactados por los extraterrestres de forma casi cotidiana.*

**R.** No me refiero a intercambios esporádicos o aislados. Más bien estoy pensando en un encuentro abierto, público y universal, entre dos inteligencias de diverso origen. Tampoco estoy pensando en la caricatura de un platillo volador aterrizando en los jardines de la Casa Blanca o en el techo del edificio de las Naciones Unidas...

*P. Es evidente que un contacto "entre civilizaciones" como el que usted plantea, está muy lejos de haberse concretado. Si bien no tenemos pruebas que apoyen tal conclusión, supongamos que realmente los ovnis son ingenios de procedencia extraterrestre; volvemos luego, a la misma pregunta: ¿qué esperan para hacerse realmente evidentes y concluir sus maniobras evasivas? ¿Qué esperan para justificar, en los hechos, su portentoso viaje de siglos?*

**R.** En este punto, es obligada referencia un interesante trabajo de Aimé Michel, uno de los intelectuales emblemáticos de la ufología ortodoxa. Michel, en un artículo que hizo historia y de cuya lectura se podrían beneficiar muchos tele-ufólogos que hoy copan las pantallas (6), desarrolla en 37 apartados las razones por las que "el contacto final" no ha llegado a materializarse. Si bien los apartados plantean explicaciones diversas y, a veces, contradictorias, podemos rescatar dos ideas centrales:

a) Existe una inteligencia rectora detrás de los fenómenos ovni.

b) Tal inteligencia es *ultra o súper-humana*, por lo que nos resulta *necesariamente incomprensible*, del mismo modo en que para las palomas liberadas en la inauguración de un Mundial de fútbol es incomprensible el fútbol. O el clásico ejemplo del perro que está frente al televisor mientras en éste se exhibe un desfile militar... el mastín, ¿qué entendería de todo eso?

Según Aimé Michel, el *no-contacto se explicaría por ese abismo infranqueable.*

**P.** *Aquí también puede encajarse el tema espinoso del absurdo comportamiento atribuido a los tripulantes de los ovnis.*

**R.** Si bien yo tengo una explicación más prosaica y terrenal sobre este punto, citaré a Michel para que se entienda más claramente su posición. Según él:

*"Ni lo absurdo ni lo contradictorio deben excluirse nunca como tales. Cuando se presenten, debemos tomar nota de su presencia como de todo lo demás" (6).*

Luego señala que este elemento del absurdo sería inherente a todas nuestras interacciones con la inteligencia directriz de los ovnis. No descarta que ésta evite deliberadamente el contacto con nosotros, amparándose en la ambigüedad de sus manifestaciones.

Si el contacto se evita (y se evita), la mejor manera de obstaculizar y desorientar a los investigadores consistiría en efectuar contactos absurdos (7).

A propósito de esto, es curioso que uno de los mejores momentos de Michel esté en su sospecha de que no es casual la aparente naturaleza onírica de los relatos ufológicos (especialmente cuando incluyen la presencia de humanoides). Reproduzco, entonces, los apartados 27 y 28:

*"Aunque todos nos hallamos dispuestos a admitir que la actividad ufológica revela un nivel de pensamiento superhumano, parece como si la mayoría de nosotros se empeñara en no ver las consecuencias inevitables que de tal superhumanidad se deducen: a saber, que ésta siempre comprenderá una parte que nos resultará incomprensible y siempre se nos aparecerá bajo aparentes contradicciones y absurdos.*

*Acaso sea ésta la razón de que el material ufológico reunido durante los últimos 20 años (el trabajo fue publicado en 1966) presente tan gran parecido con los sueños de los locos, que los psiquiatras siempre se sienten tentados de interpretar de acuerdo con la psiquiatría: el sueño.*

*El sueño era la única muestra disponible de un pensamiento más vasto que el pensamiento del ser humano consciente. El sueño era la única muestra disponible de este tipo de pensamiento, hasta que aparecieron los OVNI" (8).*

**P.** *Más allá del tema ufológico, considero que el contacto con eventuales extraterrestres es también difícil por insalvables diferencias biológicas. Incluso, determinadas formas de vida de allende el espacio pueden ser tan curiosas y disímiles que, en un futuro lejano, podemos estar frente a una de ellas sin siquiera notarlo...*

*Ahora, volviendo a los OVNIs, ¿han intentado los ufólogos explicar coherentemente el no-contacto, además del ya mencionado Aimé Michel?*

**R.** El carácter esporádico e irregular de las presuntas visitas alienígenas, se ha pretendido conjurar de las formas más alambicadas.

Primero, está el consabido argumento del *contacto restringido*. Los extraterrestres tendrían sus propios motivos para no revelarse masivamente ante nuestros científicos y gobernantes, motivos que nos resultarían incomprensibles. Este argumento tiene también antecedentes religiosos, como aquello de que Dios y sus ángeles escogen a los humildes, que la Virgen se aparece ante unos pastorcillos y no ante un cónclave de teólogos en el Vaticano, etcétera.

Segundo, no faltan los que alegan que "Ellos" se encuentran aquí desde hace milenios, observándonos, guiándonos, dirigiendo el curso de nuestra historia, usándonos como "conejillos de Indias", caso en el cual, ¿qué interés tendrían en "contactarse", si ya lo saben todo acerca de nosotros?

*P. Permítame una interrupción, pero me parece que los ufólogos nunca pierden, pues siempre se las ingenian para salir con una especulación genérica que sirve para compensar la debilidad de una premisa anterior. Así lo complican todo interminablemente...*

**R.** Lleva usted razón en lo que dice. Por ejemplo, el segundo argumento, el de la presencia extraterrestre desde el principio del tiempo humano, supone la instalación permanente de "Ellos" en una gigantesca súper-estación espacial que deambularía por el Sistema Solar, o bases subterráneas... es decir, toda la mitología ovnística en pleno, tan rica en sugerencias fantásticas, tan pobre en evidencias concretas. Hasta nosotros dos, puestos a especular sobre este tópico, podríamos elaborar disquisiciones tan complejas y enrevesadas como para escribir una novela de ciencia ficción...

*P. Repartiendo las ganancias, claro...*

**R.** ¿Cuáles ganancias? Pero, en fin, mencionemos un tercer argumento, de origen "conspiranoico". Según el mismo, los extraterrestres ya han establecido el contacto global con los gobiernos más poderosos de la Tierra, los que mantienen férreamente el secreto para que no cunda el pánico entre las masas. Este "as en la manga" de muchos ufólogos suena muy impresionante, aunque me parece profundamente inverosímil. Hay que estar muy sumido en la subcultura ufológica como para defender una idea de este jaez.

Cuarto: los extraterrestres evitarían *deliberadamente* el contacto para no alterar su objeto de estudio.

Finalmente, la que más me gusta es la del "turismo espacial", propuesta en 1979 por Delillo y Marx, que solucionaría el misterio de la disparidad de comportamientos y apariencias de los alienígenas. Especulación gratuita, que lo explica todo sin explicar nada, tiene al menos la ventaja no despreciable del humor, cósmico en este caso...

**P.** *¿Quiere usted decirme algo?*

**R.** Es que yo tengo mi propia versión de este turismo interestelar. Diría más o menos así: ¡pase unas excitantes vacaciones en la Tierra!/ Sorpréndase de sus curiosos y pendencieros habitantes/ Ríase de sus intentos por comprenderle y demostrar la realidad de su visita/ El paquete incluye –con recargo– alguna aventurilla sexual en ese caliente planeta (esto explicaría los relatos de algunas mujeres que comparecen con sus hijos en la TV, alegando la paternidad de un extraterrestre)/ Coma in situ la excelente carne bovina (mutilaciones de ganado) y caprina ("chupacabras")/ Emociónese al ser perseguido por rudimentarios aparatos terrícolas (aviones-caza que despegan para interceptar un ovni)/ Lo que siempre soñó: ser adorado e idolatrado, dando mensajes espirituales y apocalípticos a sus seguidores (piénsese en el contactismo)/ Advertencia: la agencia no se responsabiliza si su platillo volador se estrella contra la superficie terrestre; los gastos de la autopsia corren por cuenta de los compradores de videos, esto es, del público en general...

## ¿El principio del fin?

Un tercer problema-límite de la ufología clásica es el de la *indistinguibilidad OVNI/OVI*.

**P.** *Hagamos un poco de historia, por favor.*

**R.** El concepto de OVI (objeto volador identificado) fue acuñado en los sesenta por Josef Allen Hynek. Se trataba de aislar un fenómeno ovni genuino, del tumultuoso ruido de fondo que producían los fraudes, las enfermedades mentales, las confusiones con fenómenos aéreos convencionales y terrestres, los inventos periodísticos, etcétera. Hynek siempre luchó por depurar la casuística, de modo que del cúmulo de datos pudiéramos colegir una auténtica anomalía inexplicable. Por ello, había que perfeccionar los estándares de evaluación de los casos, para que se fuera haciendo cada vez más evidente y nítida la diferencia entre los pocos –pero valiosísimos– OVNIs... de los innumerables –y desechables– OVIs.

En 1973, un año después de la publicación de *The UFO experience* (9), Hynek y sus colaboradores deciden fundar el CUFOS (Centro de Estudios sobre Ovnis), en Evanston (Illinois). Las pretensiones del CUFOS eran nada modestas, pues se deseaba recoger –por fin– la evidencia incontrastable tantas veces demandada por los escépticos. Con ese objetivo, el Centro tenía un teléfono abierto las 24 horas del día, conectado a estaciones de policía y otras dependencias oficiales, las que a su vez estaban comprometidas a avisar de inmediato al CUFOS sobre cualquier avistamiento de ovnis que se estuviese produciendo.

La actividad del CUFOS, pro-ovni aunque cientificista, no obtuvo los resultados espectaculares que se esperaron en un comienzo. Los problemas económicos, además, fueron mermando la capacidad operativa del Centro. De cualquier modo, y con el afán de inyectarle nueva energía, se contrató al joven astrónomo Allan Hendry, con el fin de que –con dedicación exclusiva– continuara la ingente faena de depuración de la casuística. Sus conclusiones fueron publicadas en 1979 en el libro *The UFO handbook* (10), donde demostró dos cosas muy inquietantes para la ufología ortodoxa:

1. Que aún los catálogos de casuística más recatados, como el del propio Hynek, estaban llenos de sucesos ordinarios y triviales, los que fueron insuficientemente investigados por los ufólogos del momento.

2. Que, *por lo menos en ese período* de la ufología, resultaba arbitrario y aventurado establecer diferencias entre los OVNIs Y los OVIs. En consecuencia eran *indistinguibles* (o indiscernibles, como quiere Ballester Olmos), pues compartían las mismas características.

*P. ¿Qué porcentaje logró explicar Hendry?*

**R.** Un 88,6 por ciento de la totalidad de los casos. Un somero análisis de sus conclusiones arrojó las siguientes conclusiones, a saber (11):

-Los efectos físicos de los encuentros cercanos con ovnis (especialmente el llamado "efecto electromagnético") no pudieron ser corroborados por testigos independientes. En cambio, eran los protagonistas de los avistamientos quienes establecían las relaciones causa-efecto, lo que tampoco era filtrado por los encuestadores.
-Las "pautas de comportamiento" de los ovnis y sus tripulantes también tenían una base mítica, pues los "adjudicadores de sentido" (en un ámbito donde reina el desorden y la confusión perceptuales) eran, casi siempre, los propios encuestadores originarios, con sus conceptos y preguntas apriorísticas a favor de la hipótesis extraterrestre y similares.
-Asimismo, se derrumbó el mito de la infalibilidad de testigos calificados, especialmente cuando se trata de pilotos. En el estudio de Hendry los pilotos erraron en el 75 por ciento de los casos.

Hasta donde sé, después de este estudio que lo dejó en el umbral del escepticismo, Allan Hendry se retiró de la ufología. De hecho, ya a fines de los setenta, los mentados problemas económicos impedían al CUFOS seguir pagando un sueldo de tiempo completo al joven y brillante astrónomo. Conviene, no obstante, reproducir sus opiniones vertidas en 1980:

*"Puesto que los últimos treinta años de investigación ufológica han constituido una frustración científica, mi perenne esperanza ha sido explotar cualquier técnica o sistema efectivo que pudiera apoyar el testimonio humano a estos efectos. En el mejor de los casos, los medios habituales sólo han conducido a la ambigüedad. Si los investigadores quieren abandonar en el potencial científico que representan los casos radar-visuales, los incidentes con huellas físicas o la base física (si las hay) de los sucesos con humanoides, será*

necesario idear nuevos procedimientos para sostener los relatos de los partidarios de los OVNIs. De lo contrario, nos enfrentaremos a otros treinta años de promesas y frustraciones intentando trazar la distinción entre los estímulos OVNI denunciados y la creciente mitología ufológica" (12).

Es evidente que Hendry, pese a ser un investigador racionalista, resultó más profético que la mayoría de los contactados.

**P.** *¿Qué hay del llamado "residuo" ufológico?*
**R.** La idea de un residuo inexplicable en la casuística surge, a contrario sensu, de la conclusión por todos conocida, de que el 90 o 95 por ciento de las denuncias de avistamientos de ovnis tienen una explicación convencional, y que el 10 o 5 por ciento faltante se resiste a toda explicación.

Es en tal residuo donde depositan sus esperanzas los partidarios de los ovnis, especialmente los defensores de la hipótesis extraterrestre.

Sin embargo, algunos escépticos le restan trascendencia al residuo, por las razones siguientes:

a) El residuo sólo indica que hay muchos casos que no han sido adecuadamente investigados; faltarían datos esenciales, por tanto, para finiquitarlos con una refutación seria.

b) El residuo puede deberse a insuficiencias en el conocimiento científico de fenómenos naturales inusuales, situación que podría cambiar favorablemente en el mediano plazo.

Por todo lo anterior, los escépticos han enarbolado el argumento de la "falacia del residuo". Félix Ares de Blas sostiene que la persistencia de un residuo inexplicado no puede servir de base para sostener que es, en sí mismo, inexplicable. Por el contrario, lo llamativo de las estadísticas ufológicas es el *amplísimo volumen de casos que sí fueron explicados según causas convencionales*. En cambio, el porcentaje de "no identificados" es lo suficientemente irrelevante –desde una óptica cuantitativa– como para justificar la proclamación de una anomalía en el seno de la ciencia.

*P. ¿Cuál es la razón por la que el residuo no es tan fructífero para los ufólogos como lo ha sostenido la mayoría de los libros ortodoxos sobre la materia?*

**R.** Es que, tal como señala el investigador escéptico español Luis Alfonso Gámez, utilizar ufológicamente el residuo... como prueba de una visita extraterrestre o de cualquier otra hipótesis fantástica (interdimensional, intraterrestre, etc.), es como "tratar de explicar el residuo de crímenes y delitos inexplicados formulando la hipótesis de los vampiros o los hombres lobo" (13).

## Colofón

*P. Me he quedado pensando en el tema del turismo espacial, que tocamos hace un rato.*

**R.** Algunos han sugerido posibilidades más deprimentes, como que la Tierra es un zoológico o, tal vez, un manicomio galáctico.

# NOTAS

(1)     Richard Hall: *The UFO Evidence*, NICAP, Washington DC, 1964.

(2)     Donald Hanlon: "Cuestiones que plantean los ocupantes", en Vallé, Michel y otros: *Los humanoides*, Pomaire, Barcelona, 1966, pps. 245-257.

(3)     V. J. Ballester Olmos y M. Guasp: *Los OVNIs y la ciencia*, Plaza y Janés, Barcelona, 1981 (reeditado en 1989, que es la versión citada en el texto).

(4)     Op. cit., p. 348.

(5)     Op. cit., p. 349.

(6)     Aimé Michel: "El problema del no-contacto", en *Los humanoides*, op. cit., pps. 259-270.

(7)     Ídem.

(8)     Op. cit., p. 267.

(9)     Regnery, Chicago, 1972

(10)    Doubleday, Nueva York, 1979.

(11)    Op. cit.

(12)    En Ronald Story: *The Encyclopedia of UFOs*, Doubleday, Nueva York, 1980.

(13)    Citado por Alejandro Agostinelli, comunicación personal.

# INTERLUDIO 1
## Jaime Maussán en Chile:
## de la ufología a la ufomancia

*Los extraterrestres de hoy son ángeles con escafandra*
**Alejandro Agostinelli**

No soy un racionalista a ultranza y las causas de la poesía, la imaginación y la intuición no me son ajenas. No soy espiritista, ni positivista ni neopositivista. Pero, vamos, eso no significa que desdeñe esa facultad maravillosa que tenemos los bípedos, autodenominados *Homo sapiens*: la razón. A la razón se la puede trascender, ir más allá de ella... pero no se puede prescindir de ella. Tener le mente abierta no implica descerebrarse. Admitir nuevas posibilidades no significa aceptar todo nuevo bulo que nos presenten a la carta. El ejercicio de la razón, nunca se insistirá demasiado, es siempre deseable. Supone –en la medida de las limitaciones humanas– sentido crítico, equilibrio entre la prudencia y la audacia, y –sobre todo– autoconciencia, para discernir lo que sabemos, lo que creemos y lo que queremos creer.

Lo que estoy diciendo podrá parecer a muchos totalmente básico y elemental. Pero cuidado, cuando me toca asistir a una videoconferencia ufológica, y ésta se abarrota de un público ávido de maravillas, donde este público se cree hasta las historias más risibles y delirantes, y donde nadie cuestiona, inquiere o critica... bueno, pues en tal caso dan ganas de hacerse socio del CSI (aunque no comparta su epistemología y, por tanto, su visión de la ciencia y el mundo). Es que hay formas de pensar que son infantiles... Por ejemplo, yo creo en la pluralidad de los mundos habitados; mas, ¿tiene eso alguna relación con los ovnis? Si yo digo que vi en el jardín de mi casa un oso polar el pasado domingo y no le ofrezco ninguna evidencia... ¿aceptaría ud. el argumento de que, efectivamente, vi un oso polar en mi casa, porque sabemos que los osos polares existen y que viven en el Ártico? ¿Que cómo apareció uno en mi jardín? ¡Pues no joda, hombre! ¡Bástele con saber que son moradores del Ártico! Pues bien, muchos ovni-creyentes argumentan de una manera todavía más torpe; "creo en los ovnis, porque, ¿cómo vamos a ser los únicos en el universo? ¿Cómo vamos a ser tan soberbios y orgullosos? Claro, vivimos en un universo enorme, fantástico, inconmensurable... quizá haya vida inteligente y supercivilizaciones tecnológicas en remotos lugares del cosmos. Pero ¿es que eso prueba la veracidad y hasta la sensatez del folklóricobricollagemediático que nos quieren imponer los profetas del ovni? Dios mío, ¡¡¡qué forma de pensar!!! Soy de la opinión de que la exobiología y la ufología se relacionan a un nivel puramente mítico. Y estoy seguro de que ningún ufólogo sería capaz de refutarme.

Otra cuestión básica. Si yo le digo a ud. que hay una invasión de extrañas creaturas aladas, que durante millones de años han vivido ocultas en las nubes –pues se alimentan de ellas–, que están a punto de bajar a asolar las ciudades, ¿no se sentiría ud. tentado a solicitarme evidencias que apoyen lo que digo? ¿Sería justo que a usted, por pedirme pruebas, se le tachara de ultrarracionalista, de negativista o carente de imaginación, o que se le acusara de estar pagado por los servicios de inteligencia? Si yo hago la extraordinaria afirmación de que está a punto de desatarse la gran invasión de los seres aéreos... yo soy el obligado a presentar las pruebas, también extraordinarias. Ud. no está obligado a demostrar la falsedad de mis insólitas predicciones. Es lo más básico en materia probatoria. Blanca Nieves y los Siete Enanitos viven en casa de mi abuelita. ¿Ud. no me cree? Pues bien: pruébeme que NO viven en casa de mi abuelita. ¿Es aceptable semejante patochada? Porque, digámoslo, esa es la lógica de muchos ufólogos y ovni-creyentes.

Más. Si veo borrosa y fugazmente, en la semioscuridad del crepúsculo en un bosque, una pequeña figura humanoide corriendo, a unos cien metros de distancia, ¿tengo derecho a decir inmediatamente que se trata de un duende? Naturalmente, tal vez sea un niño, un enano, un chimpancé que se escapó de un circo. Hay cien explicaciones convencionales antes. Y aun si descarto –por inviables– tales explicaciones, la cosa –a lo más– queda en misterio, pero no se confirma mi afirmación de que vi un duende. Aunque los duendes existan, mi observación no le aporta NADA a aquellos que defienden su existencia. Lo único concreto es que vi algo que no pude identificar. Eso es todo. Vi algo que no sé qué era. Así de simple. Lo cierto es que, con irritante frecuencia, vemos filmaciones de objetos extraños y no muy nítidos en el cielo. Si no son aviones o espejismos, ¿eso los convierte, acaso, en astronaves alienígenas? ¿Habrán escuchado alguna vez, estos ovni-cultistas, de "la navaja de Ockham"? ¿Por qué optan siempre por la hipótesis más estrambótica?

La ufología clásica ha muerto. Su lado más serio, ha devenido en neoescepticismo psicosocial y en ufología crítica (en la corriente del indisimulado agnosticismo o de una paraufología revisada y morigerada). Su lado más fantasioso se ha mutado en ovni-manía o en contactismo puro y duro. Por ello, siguiendo al antropólogo Ignacio Cabria, en estos últimos casos debiéramos hablar de ufomancia, esto es, de un sistema de creencias que no necesita probar sus increíbles aseveraciones, basándose exclusivamente en la fe de los practicantes. Como se trata de creer a toda costa, con o sin pruebas, podemos motejar estos afanes de "típicamente religiosos", y que nadie se ofenda, porque las estructuras de pensamiento han llegado a ser idénticas.

La videoconferencia del animador de televisión mexicano Jaime Maussán, entonces, fue una fervorosa muestra de ufomancia. Nada de sentido critico, escasa capacidad de análisis y, a ratos, hasta escaso sentido del ridículo. Fui a verlo el 16 de enero de 1999 al Aula Magna de la USACH, un venturoso día nublado de verano, con la temperatura más agradable que uno puede imaginar. Un inviernito de San Juan.

Por supuesto, tenía muchas noticias sobre el conferenciante. Es un telecomunicador enfático y pertinaz, que ha ordeñado de manera inmisericorde las lucrativas ubres de la ufología. Se transformó, de súbito, en ufólogo, a propósito del gran eclipse solar, visto por millones de personas en ciudad de México en julio de 1991. Pues bien, en virtud del inusual fenómeno, se distorsionó la imagen del planeta Venus, que fue confundido por los incautos con una nave alienígena. Se armó una confusión tan enorme, que los que filmaban el eclipse creían estar filmando –al mismo tiempo– un extraño ovni. Como los videos caseros que registraron el eclipse se contaban por miles, puede usted imaginar la subsecuente cantidad de "video-ovnis". La histeria se extendió por todo México. Y Maussán no dejó pasar le oportunidad de incorporar la temática a su espacio televisivo. Siguió la venta de videos sobre ovnis, que le reportaron pingües ganancias, mientras su nombre se convertía en una suerte de marca registrada. De ahí, la cosa no paró, señor.

Maussán lo cree todo, hasta las noticias más inverosímiles, y acusa a los escépticos de ceguera mental, de geocentrismo y estulticia. No le hacen mella las documentadas y públicas refutaciones de lo mejor de su material, pues lo importante es seguir vendiendo. El MUFON, por ejemplo, que es una organización estadounidense claramente pro-ovni, refrendó los asertos de los críticos mexicanos, en el sentido de que el famoso ovni del eclipse era... un amplificado planeta Venus. Jamás se ha visto una retractación de Maussán, y es que la capacidad de olvido de las masas es sorprendente, como decía Baudrillard, absorben sin reflejar nada, "en un permanente efecto implosivo".

Maussán es, entonces, un hombre de videos. La mayor parte de ellos, irredentos fraudes, globos meteorológicos y fenómenos naturales, aunque raros. También luces en el cielo, sólo luces, que no demuestran nada, salvo que es imposible determinar exactamente qué las originó. La ufología de Maussán, intelectualmente precaria, siempre sensacionalista, se alinea con las nada recomendables producciones de **J.J. Benítez**, **Jaime Rodríguez**, **Wendelle Stevens** y otros profesionales de la mercadotecnia ufológica. Lo que nos ahorra más comentarios previos.

Se apagan las luces. El Aula Magna está abarrotada y la expectación de los presentes me parece contagiosa. No cabe un alfiler, hay gente sentada en el suelo, yo mismo casi cuelgo de una baranda. En la pantalla gigante, se abre la acción. Veo hermosas imágenes del universo, galaxias, nebulosas, estrellas. Con un sobrecogedor fondo musical, la voz, grave y profunda, dice:

> *"Imagine que ud. es un habitante de las Pléyades; que vive en un planeta donde no existen las guerras, el hambre, la criminalidad, la codicia ni la ignorancia; un mundo cuyos habitantes pueden comunicarse telepáticamente, estando sus mentes sumergidas en el Resplandor de la Verdad. Imagine que usted es miembro de esa maravillosa civilización, cuyos logros científicos superan todo lo concebible, teniendo la posibilidad de viajar a cualquier lugar del universo.*
>
> *"La Humanidad avanza hacia el contacto final con tales inteligencias, y podremos acceder a conocimientos y posibilidades jamás soñadas... A continuación, llega el gran investigador... ¡¡Jaaaaaime Mauuuuuussán!!".*

Aplausos, una cascada impresionante de aplausos, mientras la luz del escenario revela al conferenciante con una vistosa chaqueta verde y camisa y corbata negras. Fanfarria cósmica. Los creyentes se preparan para ser confirmados en su Fe.

Maussán abre los fuegos: *"Estoy cierto, amigos míos, de que pronto se verificará el gran contacto con seres venidos del espacio exterior. Y estoy seguro de que los grandes poderes que gobiernan la Tierra ya lo saben todo... y nos van dando pequeños retazos de información, liberando pruebas paulatinamente, a fin de irnos preparando para el gran acontecimientos, que marcará el Tercer Milenio".*

Como prueba de lo anterior, afirma que el Vaticano está pronto a dar el paso decisivo, reconociendo oficialmente la presencia extraterrestre en nuestro planeta. Para confirmarlo, exhibe fragmentos de una entrevista el padre Corrado Balducci, teólogo vaticano. El prelado, atrabiliario y confuso, se limita a contestar las típicas preguntas del estilo de "¿estamos solos en el universo?" o "la idea de la pluralidad de los mundos habitados, ¿se contrapone con la Fe?". A que no adivina qué respondió Balducci. Por supuesto, respondió que no, que no había contradicción alguna, que la Creación es universal, que San Pablo decía que Cristo es Señor de **todo el universo** (no sólo de la Tierra), así que también los pobres extraterrestres tendrían que estar sometidos a la égida de Roma... (¿Seguro que quieren visitarnos?). En fin, las tópicas y previsibles declaraciones de Balducci no tienen nada que ver con las bombásticas anticipaciones de Maussán. Totalmente prescindible.

A continuación, se nos muestran las espectaculares filmaciones del granjero suizo **Billy Meier**. Supuestamente contactado con visitantes de las Pléyades, en especial con una hermosa alienígena llamada **Semjase**, Meier alega haber filmado y fotografiado ovnis hasta la saciedad. Después de los contactos telepáticos de rigor, las astronaves se acercaban con frecuencia a su granja, y él podía filmarlas sin limitaciones. Sin duda, se trata de los documentos fílmicos más espectaculares de la ufología y, si fueran ciertos, constituirían una prueba casi irrefutable. Claro, si fueran ciertos. Mas, lamentablemente, no lo son. El caso, absolutamente desprestigiado entre los ufólogos críticos, ha demostrado tal grado de incongruencias y debilidades que, como mínimo, se impone la desconfianza. Además, el affaire Meier fue impecablemente desmantelado por el investigador **Karl Korff**, que literalmente no dejó "mono con cabeza". Si hasta se descubrió una de las maquetas de los platillos voladores, usada por el contactado para sus fantásticas tomas. Pero, por más que trataron, no pudieron encontrar a la bella Semjase. O tal vez sí, y algún avispado ufólogo se la llevó para su casa, para someterla a minuciosos exámenes...

Después, naturalmente, teníamos que llegar al tema Roswell. Es una de las zonas más oscuras de la ufología mundial, un verdadero laberinto de mentiras, fraudes, intrigas y disputas, que ha arrastrado a muchos ufólogos a una reyerta de grandes proporciones. Es imposible que yo pueda, en estas escasas líneas, siquiera desarrollar someramente el tema. Sólo cabe decir que se trata de otro mito más, que ha ido creciendo y adornándose con el paso de los años hasta volverse irreconocible. Al simple platillo supuestamente estrellado en Nuevo México (EE.UU.), en 1947, se le adicionaron multitud de leyendas: la malograda tripulación extraterrestre conservada en neveras ultrasecretas, el Hangar 18, el Majestic 12 y las más delirantes afirmaciones que la ufología haya cobijado jamás en su medio siglo de historia. La evidencia, como siempre en estos casos, es sencillamente ilusoria.

Uno de los aspectos más difundidos de esta mitología, se centra en la tecnología alienígena recuperada, por el Pentágono, de los platillos estrellados contra la Tierra (la versión más paranoica sostiene que habría un pacto secreto entre el Gobierno Secreto de Estados Unidos y los extraterrestres: estos ofrecerían tecnología y aquellos, bueno, cuerpos humanos). Maussán muestra una entrevista al ex-coronel estadounidense **Philip Corso**. Ahí nos enteramos que inventos tales como el chip de las computadoras, la fibra óptica y el rayo láser son... tecnología extraterrestre, que usamos inocentemente, sin sospechar su fantástica procedencia. ¡Qué dirán los pobres inventores terrestres de tales artilugios!

Y, naturalmente, llegamos a la famosa autopsia. Huelgan las presentaciones: en 1995 la vio por televisión todo el mundo. Ya no hay ningún ufólogo serio que se atreva a defender su autenticidad. Pero Maussán no ceja: "En forma injusta y arbitraria los negativistas se apresuraron a descartar esta extraordinaria evidencia como falsa. Algún día, con el paso del tiempo, se le hará justicia...". Maussán dixit.

En un momento determinado, Maussán hace un alto. Se va a descansar y aduce que volverá en sólo diez minutos más. Uno de los organizadores, para solaz del público, promete una grata sorpresa. Y, cómo no, llega la sorpresa: entra en escena el inefable Jorge Anfruns Dumont, "el ovnílogo chileno". Es el Anfruns de siempre, en su estilo inconfundible: "Yo prometo y cumplo...", "...tal como anuncié anoche...", "...voy a dejar las cosas claras desde un principio, porque no me gusta engañar a nadie...", "...como digo en uno de mis libros...", etcétera.

Decide enseñarnos mitología mapuche: "Yo siempre comienzo mis conferencias con una frase mapuche...". Y aprendemos que los mapuches sí veían ovnis, que los tenían catalogados y clasificados... Y que en algún lugar de *La Araucana*, Alonso de Ercilla refiere el primer avistamiento oficial de un ovni en Chile, nada menos que en 1554. Nos alecciona, solemnemente, con un cliché que no venía al caso: "La Historia tiende a repetirse". A buscar el párrafo, pues.

Comienza a exhibir sus videos. Expone: "Relacionándolos con las imágenes mostradas por mi amigo Maussán, podemos empezar a hacer ovnilogía comparada". Y la hace. Hay que decir que nuestros videos palidecen –si de espectacularidad se trata– frente a los mexicanos. Lo que no obsta a que Anfruns se permita arranques de complacencia chauvinista: "He aquí un video de un ovni... un video chileno... y si es chileno, ¡es bueno!". Créanlo o no, el público estalla en un automático y pavloviano aplauso.

Luego, sin ruborizarse siquiera, Anfruns muestra el video del famoso ovni del volcán Villarrica. Esa filmación fue tomada casualmente por unos jóvenes profesionales, cuando viajaban en automóvil frente al mentado volcán. No se dieron cuenta del ovni hasta que, posteriormente, visionaron la película. Para su asombro, aparecía un extraño objeto, de apariencia metálica. Entonces los jóvenes "recordaron" que habían experimentado una sensación extraña, justo al momento de filmar el fenómeno. Sí, una extraña sensación de paz, silencio y plenitud. Poco importa que investigaciones posteriores demostraran que se trató de un simple reflejo en el vidrio, de un objeto que se encontraba al interior del automóvil. Por eso nada vieron cuando filmaban el volcán, y el "ovni" sólo apareció al pasar la película. ¿Y la peculiar sensación descrita por estos involuntarios testigos? Bueno, más vale no hacer preguntas tan incómodas.

Pasado un rato, llena la pantalla una adolescente de extracción popular, la sambernardina Claudia Fuentes, contando los detalles de su escabrosa abducción, a cargo de unos libidinosos enanos extraterrestres (por cierto, yo no tuve nada que ver). Este caso, muy en boga hace un par de años, cayó en rápido desprestigio, sobre todo por algunas sospechosas implicaciones sexuales que lo rodeaban. Claudia, con su sonriente carita pícara, se extiende en su relato, mientras se ve a Anfruns entrevistándola. La cámara va de Claudia a Anfruns, y se detiene en la estampa del acucioso investigador, escuchando, serio y reconcentrado. Hay cierto "morbo" en todo el asunto, pues Claudia –siempre coqueta y perturbada– sonríe y baja los ojos, mientras prosigue con los pormenores de su abducción.

Ella: "Entonces, cuando me tenían encima de la cama, uno de los seres sacó un instrumento...". Él: "¿Y era muy grande el instrumento?". En ese instante, lo confieso, tuve que hacer un esfuerzo casi sobrehumano para reprimir una carcajada.

Pero la diversión no terminó ahí. Anfruns señaló –con ese tono aleccionador que tanto nos gusta– que el caso de Claudia debiera llevarnos a la reflexión: "Claudia perdió su trabajo por contar su historia... Lo cual sienta un muy mal precedente: los chilenos no van a poder contar sus encuentros con extraterrestres, porque arriesgarán sus fuentes de trabajo". Ya lo saben todos los compatriotas abducidos por alienígenas: ¡hay que cuidar la pega!

Finalmente, Anfruns pasó de la mitología mapuche a la maya. Dijo que un mito maya profetizaba que "cuando la gran ave del Norte llegara al Sur, la humanidad entraría en una nueva etapa, más plena y luminosa. Entonces, amigos, la gran ave del Norte, Jaime Maussán, ha llegado a nosotros, al Sur...". ¡Anfruns!

Maussán regresa en medio de los aplausos. "Ahora veremos las espectaculares imágenes, no ya de luces en el cielo, sino de los propios extraterrestres, los misteriosos ovninautas". Respiré hondo y me armé de valor (como soy algo paranoico, temo ver mi foto carné entre las evidencias de la visitación alienígena).

¿Qué vi? Algunas muestras; primero, una confusa imagen de una entidad luminosa... ¡con dos antenas! Luego, un muy bizarro ser cabezón, el típico EBE, sometido a extrañísimos exámenes médicos, mientras agoniza... También una sospechosísima filmación de un supuesto ovni siniestrado en la ex Unión Soviética, con la ya típica y obligada autopsia a los infortunados tripulantes del platívolo. ¡Qué tecnología, por Dios! ¡Si a pesar de su omnisciencia y superciencia, se la pasan estrellando contra la Tierra!

Por último, pasamos a la perla negra (¿o debiera decir "gris"?) del bestiario. Sucede que la empresa yanqui AMOCO elaboró un afiche comercial donde aparecía el clásico extraterrestre estereotipado de los noventa, con el producto publicitado en una de sus manos (y hasta sonriendo, como lo haría cualquier modelo).

Pues bien, sobrevino lo increíble: algunos ufólogos consideraron que el ET del afiche era demasiado... real. No podía ser la fotografía de un muñeco confeccionado ad-hoc por los publicistas. No. Tenía que haber gato encerrado. Debía ser un genuino ET. El famoso ET del comercial... no era, por cierto, diferente de los que la imaginería popular ha incorporado con tanto entusiasmo: absurdos biológicos, subproductos de la peor ciencia ficción, improbabilidades absolutas. Pero, recordémoslo, éste sonreía. Comenzaron, por tanto, las llamadas a

AMOCO, exigiendo que confesaran la procedencia de la entidad. ¿De dónde habían sacado al ET? ¿Por qué no cuentan la firme? ¿Ah? Por supuesto, AMOCO dio la callada por respuesta... lo que fue interpretado como una expresión más de la gran Conspiración del Silencio.

Quizá si los regordetes (y hasta, para algunos, simpáticos) extraterrestres de Bilz y Pap sean auténticos alienígenas. En tal caso, más nos valdría estar absolutamente solos en el vasto universo.

Termina la conferencia. La ovación es estruendosa. Maussán saluda al público, sin dejar de agradecer. "Gracias, amigos... y por favor, recomienden esta conferencia, pues mañana estaremos aquí de nuevo, en dos horarios...". Se le une Anfruns, quien aparece de pronto, tentando, a su vez, la cosecha de aplausos.

Nada ha cambiado en realidad. Más implantes, más autopsias... más fraudes, y los ufólogos picando el anzuelo o haciendo picar a otros. Y sí, estas historias siempre se repiten. A la luz de lo visto, es cierto que no se necesitan oscuras maniobras de la CIA, de la Trilateral o del Gobierno Secreto del mundo para desprestigiar a los ufólogos. Basta que se reúnan unos doscientos creyentes y el espectáculo está servido. Quizá por eso, el extraterrestre del afiche, sonreía...

# CAPÍTULO V
## Paraufológicas

*En ufología nada es lo que parece y nada parece lo que es.*
**Jacques Vallée**

## Vallée y "La Comunidad Secreta"

Podemos señalar, como hito fundamental del inicio de la paraufología (PU), al libro *Pasaporte a Magonia* (1), publicado en 1969 por el astrónomo francés Jacques Vallée. Como se recordará, Vallée se había radicado en Estados Unidos, lugar donde estuvo bajo la dirección del Dr. Josef Allen Hynek. El libro que comentamos causó un gran revuelo en la comunidad ufológica, pues era la primera vez que un ufólogo ortodoxo y serio desafiaba el primado indiscutible de la hipótesis extraterrestre. Vallée tenía ya publicados dos libros sobre el tema ovni: *Anatomy of a Phenomenon* (2) y *Fenómenos insólitos del espacio* (3), muy bien recibidos por el mundo ovnístico, en su vertiente no sensacionalista. Pero Pasaporte, en cambio, provocó más el estupor que el aplauso.

*P. ¿Por qué "Magonia"?*

**R.** La palabra "Magonia" evoca la imaginación mítica del Medioevo europeo. Se suponía que era un país fabuloso y aéreo del cual sus extraños habitantes bajaban atravesando las nubes, pilotando misteriosos ingenios voladores, con el fin de recoger los frutos de las cosechas y, en ocasiones, hasta seres humanos. Asimismo, "Magonia" era la "comunidad secreta" de las hadas y otras entidades mitológicas, invisibles para los mortales corrientes.

Vallée ofrece una definición no exenta de poesía: "(...) un lugar donde las buenas gentes danzan con las bellísimas hadas, lamentándose por el tosco e imperfecto mundo inferior" (4).

Por ello, son notables las palabras introductorias de Pasaporte:

> *"Este libro es un intento por tender un puente –tenue y frágil, ciertamente– entre una fantasía y un mito. No es una obra científica. Pudiéramos llamarla filosófica, si existiese una filosofía de lo no acontecido. Tampoco es una obra documental, pues no se pueden documentar los sueños de los niños entregados a sus juegos, ni los gritos de las mujeres quemadas vivas" (5).*

Se trata, por tanto, de viajar a la Edad Media europea, primero y, luego, a las distintas tradiciones del mundo, en las que el ser humano interactúa con seres fabulosos y aéreos.

*P. Ya me siento transportado al ámbito de los mitos populares y los cuentos tradicionales del Viejo Mundo.*

**R.** El universo que se respira en la obra de Vallée, está conformado –principal, aunque no exclusivamente– por entidades características de cierta mentalidad "olvidada" por el avance del mundo moderno: el Buen Pueblo, el partido de las hadas, duendes, gnomos, elfos, farfadets, trasgos y otros personajillos famosos y evasivos. La hipótesis es la siguiente: la creencia en los ovnis y sus misteriosos tripulantes *no se diferencia sustancialmente* de la creencia en aquellos seres maravillosos que integraban el Buen Pueblo, la Comunidad Secreta o Magonia. *Los* *mecanismos en que se sustentan tales creencias son idénticos.* Se trata del mismo mito ancestral, que ahora resurge bajo una apariencia moderna y conforme a una mitología, también de naturaleza tecnológica: la de la visitación de los extraterrestres, tan cara a los ufólogos ortodoxos.

Es decir, Vallée era el primero en desafiar la ortodoxia, al resaltar el carácter irracional de los ovnis, en cuanto nueva expresión de un proceso mitopoyético, verificable ante nuestros propios ojos.

Para ordenar un poco este vidrioso panorama, expondré dos premisas de *Pasaporte*:

a) <u>En cuanto a sus efectos en el ser humano</u>. Aquí nuestro enfoque debe modelarse *en torno a las creencias ufológicas*, que adquieren un sorprendente paralelismo con las referidas a duendes, hadas y otros seres mitológicos:

-Seres que se desplazan por el espacio aéreo o, cuando están en tierra, son escurridizos e inalcanzables.
-Intercambio espiritual y hasta sexual con los seres humanos.
-Raptos y secuestros de seres humanos por estas entidades o, simplemente, viajes a sus reinos y países fabulosos.

Ya en esa época, Vallée había dado en el clavo, al demostrar los paralelismos de las relaciones entre Magonia y las buenas gentes que podían acceder a sus dominios, con toda la panoplia ovnística contemporánea: aterrizajes de los platillos, presencia de humanoides, abducciones, etcétera.

b) <u>En cuanto al fenómeno mismo</u>. Naturalmente Vallée no cree en la existencia literal de las hadas y los duendes. Pero sospecha que tras sus manifestaciones puede existir un fenómeno energético desconocido, ya sea de carácter natural o bien debido a una exointeligencia terrestre, cuya naturaleza última estaríamos aún muy distantes de comprender. Sobre este punto, Vallée es extremadamente ambiguo...

*P. Me interesa el tema de los paralelismos. Mi afición por las comparaciones se ha visto súbitamente estimulada.*

**R.** Debo recurrir a la tijera, para centrarme en los más significativos:

1. El ya mentado comportamiento absurdo de los humanoides. La gente del Buen Pueblo gusta de hacer bromas a los seres humanos, de provocar su desconcierto a través de acciones ilógicas e incomprensibles.

2. El aspecto físico de los ovninautas. Sobre todo de los humanoides asociados a aterrizajes: seres pequeños, cabezones y perfectamente adaptados a la gravedad y atmósfera terrestres.

3. La afición de los humanoides por las plantas y los hongos. Los ufólogos ortodoxos interpretan este comportamiento –con toda seriedad– como una recogida de muestras de la flora terráquea; según Vallée, se trata de la mera actualización del interés permanente del Buen Pueblo en el maravilloso universo de las plantas y sus mágicas propiedades.

4. El continuo intercambio sexual con los seres humanos. Es un tema ancestral: la creación de una raza híbrida entre nosotros y "Ellos", cuestión que ha sido retomada por los representantes de la ufología abduccionista, como Jacobs y Hopkins, por citar sólo dos ejemplos.

Y a esto puede sumarse un largo etcétera.

Un ejemplo característico de la resistencia que, en la ufología clásica, encontró *Pasaporte*, fue la de Antonio Ribera, el veterano ufólogo español. A Ribera, definitivamente, no le gustó el intento de Vallée, encaminado a desbaratar la ortodoxia de la fe extraterrestre:

> *"(…) Es un libro peligroso. Es un libro que no se puede poner en todas las manos. La mescolanza de mitología céltica, farfadets, gnomos, elfos, íncubos y súcubos con casos reales y bien documentados de observaciones de OVNIs y sus ocupantes, puede resultar un experimento arriesgado. Desde los tiempos más remotos la Humanidad ha creído en duendecillos familiares, en trasgos, en enanos de los bosques y en toda una mitología doméstica y silvestre que, en mi modesta opinión, nada tiene que ver con el fenómeno OVNI,*

*pese a algunos parecidos superficiales y seguramente casuales"* (6).

Pero el golpe que había logrado asestar Vallée con su desconcertante libro, se fue convirtiendo en hito obligado de reflexión aun para quienes –la mayoría– no compartían sus tesis principales. Por su parte, Ribera minimizó los paralelismos que Vallée estaba resaltando, aduciendo que la supertecnología causante de los ovnis debería antojársenos mágica e irracional, tal como algunos pueblos primitivos sobrevivientes encontrarían mágico cualquiera de nuestros artilugios domésticos. Invocó para ello, la célebre sentencia de Arthur C. Clarke: "Ninguna tecnología superior podrá distinguirse de la magia".

**P.** *También yo pienso que el mito ovni actual es una reactualización – en clave tecnológica y, por lo mismo, extraterrestre– de antiguos mitos relacionados con seres aéreos y entidades antropomorfas, los extraños habitantes de los bosques, la tundra y las montañas. Pero, tomando esto en cuenta, tal paralelismo sólo me sugiere el fin de la ufología y no una puerta a explicaciones más fantásticas o cuasi-esotéricas.*

**R.** ¿El fin? Se trataba de un simple comienzo. En los años setenta, muchos ufólogos consideraron que la teorización ovnística precedente había sido demasiado simplista, limitada por un burdo materialismo.

En *El colegio invisible* (7) –su segundo libro paraufológico–, Vallée se vuelve más audaz en sus especulaciones, proponiendo que el fenómeno ovni formaría parte de un sistema de control de la Humanidad, cuya naturaleza última nos resulta, en definitiva, inaccesible. ¿Se trataría de un sistema de control instituido por una inteligencia externa al hombre, por un rarísimo fenómeno natural o por la propia proyección inconsciente de nuestras necesidades de transformación? Vallée nunca logra responder estas legítimas interrogantes, aunque arroja algunas luces sobre lo que considera la radical ambigüedad de las manifestaciones ovnísticas. Para ello, sostiene que *el fenómeno se niega a sí mismo*:

> *"Hace aseveraciones y demuestra principios según los cuales parte de la información proporcionada es cierta y la otra parte es falsa, y el determinar cuál es la mitad verdadera*

*queda como un ejercicio para el investigador, pero la lógica es tal que uno se siente tentado a colocarla completamente más allá del reino de lo racional, lo cual es una tentación peligrosa" (8).*

Esto recuerda la famosa ley propuesta por el investigador francés Pierre Guérin: "Cada vez que logramos establecer una constante en el comportamiento de los ovnis, aparece la siguiente observación para desmentirla".

**P.** *¿No sería más simple pensar que esa "auto-invalidación" se debe a lo caótico de los testimonios ovni? La ley Guérin, en mi opinión, es un mero sofisma; la "auto-invalidación" sólo demuestra que nada existe –real o intangible– detrás de la casuística.*
**R.** Esa es precisamente la crítica que los escépticos han hecho en contra de los planteamientos de Guérin y similares. El propio Vallée, siguiendo esta paradójica línea de argumentación, llegó a proponer en *El Colegio Invisible* que –tal vez– los ovnis "no son objetos, ni vuelan, ni están no identificados" (9).

## Los extraños mundos de John Keel

La senda abierta por Vallée se profundiza con las obras de John Keel, el más furibundo y vitriólico valedor de la PU. En 1970, aparece la obra *Operación Caballo de Troya* (10), donde Keel propugna la urgencia de abandonar la HET tradicional, en favor de una explicación, no por terrestre, menos sorprendente. En términos generales, se señalaba que diversos fenómenos (algunos tan disparatados y disímiles como los monstruos, los espíritus chocarreros y, por supuesto, los ovnis) podrían ser generados por una misteriosa fuente energética común.

Después, se publicó un libro que hacía más accesibles sus ideas: *El enigma de las extrañas criaturas*. Luego vendría en 1975 *Las profecías del Mothman*, una sulfurosa crónica sobre una enigmática entidad denominada el "hombre-polilla", que en 1967, en Virginia Occidental (EE.UU.), aterrorizó a muchas personas con sus súbitas apariciones. La actividad del "hombre-polilla" fue correlacionada por Keel con una supuesta oleada de avistamientos de ovnis, lo que parecía refrendar sus insólitas elucubraciones. Pero después publicó su libro más oscuro y filosófico: *The eighth tower*, en que propuso la idea de un "súperespectro" que controla, allende nuestro espacio-tiempo, las visiones de portentos celestes y entidades extrahumanas, desde los tiempos más remotos.

**P.** *Es decir, como toda la PU, la versión de Keel es altamente especulativa.*
**R.** Sin embargo, no se puede desconocer que Keel fue uno de los ufólogos más lúcidos de su tiempo; de hecho, desafió abiertamente a los ufólogos clásicos y estos no pudieron derrotarlo.

**P.** *O sea, un gran mérito de Keel fue su aporte en la desconstrucción de la vieja ufología...*
**R.** Indudablemente. Es que hay textos de Keel que son dignos de la más selecta antología. En su ya legendaria intervención en el Congreso de Acapulco, en 1977, espetó a sus oyentes:

> *"Lo único que han logrado los ovnílogos es armar una poderosa maquinaria de propaganda: cientos de evangelistas del ovni andan recorriendo el mundo, hablando de la bondad de los seres del espacio. La ovnilogía se torna religión: los profetas antiguos transmitieron las enseñanzas de sus encuentros con dioses o demonios; la ovnilogía moderna se basa en los testimonios y en las profecías de los contactados por los maravillosos extraterrestres"* (11).

¿Puede haber una descripción más acertada de la situación contemporánea de los ufólogos y la ufología? Y continúa:

> *"Millones de personas, que jamás han visto a ninguno de esos objetos, creen ahora que existen y que son naves extraterrestres. Ni ahora ni nunca hemos encontrado prueba de eso: tenemos fotografías –y también fotografías de fantasmas, que se les parecen en muchos aspectos–; tenemos*

*huellas en el suelo, que demuestran solamente que algo estampó una huella. Debemos superar eso. Sin embargo, ese folklore ovnístico impregna canciones, películas, programas de televisión e historietas, en una campaña masiva para hacernos creer en extraterrestres" (12).*

Hay más.

**P.** *Por el momento me parecen suficientes. Pero quiero saber qué grado de aceptación han tenido las ideas de Keel en la comunidad ufológica.*
**R.** Es curioso, pero menos de lo que algunos temieron en un comienzo. Es cierto que Keel se extravió, a veces, en laberintos especulativos sin más base que su, eso sí, brillante imaginación. Si la HET era simplista, la PU de Keel se tornaba excesivamente compleja, *en un terreno que la distanciaba cada vez más de cualquier atisbo de escrutinio científico.* Los límites de la ufología se expandían tanto, que los ufólogos terminaban entrampados en las más abstrusas discusiones metafísicas. Quizá fue su abstracción, reñida con el literalismo del mundo ovnístico yanqui, lo que mantuvo la obra de Keel –pese a sus partidarios– en la calidad de rareza impopular.

**P.** *Según Keel, ¿somos manipulados por una súper-inteligencia extradimensional?*
**R.** Sin duda, En algún momento, Keel popularizó la siguiente reflexión:

> *"Los escépticos dicen: '¿por qué no hacen contacto?'.*
> *Yo pregunto: ¿por qué (los ovnis) no nos dejan tranquilos?".*

Para nuestro ufólogo, el fenómeno que subyace a los ovnis es mimético, se adapta a nuestras creencias, de acuerdo con el nivel técnico alcanzado por el hombre: así podrían explicarse historias tan curiosas como las de la "nave aérea" de 1896-97 y los "aviones fantasmas".

**P.** *Ovnis camaleónicos, proyecciones holográficas.*

**R.** Exacto. Esa es la atmósfera que se respira en el universo keeliano.

*P. Atmósfera que a usted parece gustarle.*

**R.** Es que, independientemente de la realidad de sus elucubraciones, Keel fue un pensador vigoroso y original (como también lo fue Vallée), que llevó sus formulaciones a extremos difíciles de calificar. Y lo hizo desafiando honestamente a la tradición ufológica, lo que encuentro muy rescatable. Por tanto, disfruto leyendo y citando a Keel.

*P. Si le complace tanto, puede volver a hacerlo.*

**R.** ¿En serio? Pues aquí va una perla, también del congreso de Acapulco:

*"El fenómeno consiste en una energía electromagnética ambiental: no viene de las estrellas; siempre estuvo con nosotros; cada generación le busca una nueva explicación que le permita encasillarlo en sus tecnologías, en sus religiones" (13).*

*P. ¿Por qué Keel da una interpretación negativa a la interacción de la mente humana con esta energía?*

**R.** Porque sostiene que aquella energía, en gran medida, se alimenta de nuestros sueños y quimeras. Los ovnis son engañosos, según Keel, porque están insertos en un Gran Teatro Cósmico holográfico, que varía de acuerdo a nuestras creencias más preciadas. Esta gigantesca tomadura de pelo se sustenta en la fe que depositamos en ella, transformándonos en una suerte de súbditos inconscientes del súper-espectro...

*"Al contemplar los últimos treinta años, es aterrador darse cuenta que nos han tomado el pelo: hemos abrazado nuevas creencias sólo porque satisfacían nuestros ideales tecnológicos. Hemos caído en la trampa más vieja del mundo: los Antiguos la conocieron, la comprendieron y nos*

*advirtieron; pero por nuestros sueños de conquista del espacio estamos dispuestos a admitir que el espacio viene a nosotros.*

*"Los viejos dioses regresan bajo un nuevo disfraz. Los Antiguos creían en su existencia con tanta fe, que acarrearon enormes piedras sobre centenares de kilómetros para erigirles monumentos.*

*"Si existen o no esos dioses no viene al caso. Lo importante es que creer en ellos esclavizó al hombre primitivo. ¿Nos esclavizarán a nosotros también esos nuevos dioses del espacio? ¿Somos ya esclavos? ¿Nuestros radiotelescopios son nuestros Stonehenge, nuestras pirámides?*

*"Nos han mentido. Nos hemos mentido a nosotros mismos. Hemos sido violados y manipulados desde el principio del tiempo" (14).*

**P.** *Amén.*

## En las fronteras de la razón

**P.** *¿Es cierto que Hynek se abrió a los contenidos de la PU?*
**R.** Lo diré con claridad: Hynek no se adhirió formalmente a la PU. No obstante, coqueteó con ella en varias ocasiones. Ya para la publicación de *The UFO Experience* (15), a principios de los setenta, Hynek abrigaba serias dudas sobre la validez científica de la HET. Como astrónomo calificado, sabía perfectamente que las probabilidades de ser visitados desde algún remoto sistema solar eran muy bajas; y de concretarse esa posibilidad, el comportamiento de los ovnis parecía totalmente incompatible con una visita tan extraordinaria. En virtud de ello, comenzó a abrigar extrañas ideas en torno a un fenómeno natural absolutamente desconocido o a una procedencia interdimensional de los ovnis.

**P.** *Algo así como un mundo paralelo.*
**R.** Hynek llegó a hablar de una realidad "metaterrestre", si bien –insisto– nunca se pronunció, de manera militante, en favor de una

hipótesis paraufológica o paranormal. En todo caso, en un libro escrito en colaboración con Jacques Vallée –*The edge of reality* (16)– da cabida a la sospecha de que los ovnis pueden no ser "físicos" en el sentido ordinario del término: "La mejor explicación que hemos encontrado hasta el presente es que alguien está exponiendo sistemáticamente a los testigos a ciertas escenas, cuidadosamente diseñadas para transmitir ciertas imágenes".

*P. ¿Puede decirse que la PU fue un movimiento teórico característico de una época de cuestionamiento, al interior de los propios ufólogos?*

**R.** Sin duda, de una época de preguntas incómodas y mucha expectación. Debe recordarse que en Estados Unidos, en octubre y noviembre de 1973, se registró una de las oleadas más espectaculares de los anales ovnísticos. De esa oleada son los clásicos de Pascagoula, Falkville y muchos otros casos sensacionales, que llevaron a David Webb a escribir su celebrado libro *1973: Year of the Humanoids* (17). Tal grado de actividad ufológica hizo sospechar que el fenómeno estaba intensificando el dramatismo de sus apariciones (o exhibiciones). La heterogeneidad del aspecto físico de aquellos humanoides (robots gigantes, enanos orejudos, pequeñas entidades con escafandras) incrementó la sensación de un "teatro del absurdo" montado por unos verdaderos *humoristas cósmicos*.

*P. ¡Humoristas cósmicos! ¡Vaya con esa "nueva ufología"!*

**R.** En 1975, la PU registra uno de sus hitos más significativos en lo que a productos editoriales se refiere, pues aparece *The Unidentified* (18), de los investigadores Loren Coleman y Jerome Clark. En tal obra, estos autores exponen sus famosas "leyes de la paraufología", que son un compendio algo matizado de las intuiciones de Vallée y Keel.

*La primera ley* señala que el fenómeno ovni es *subjetivo y simbólico*.

*P. Pero, ¿y los aspectos materiales y objetivos?*

**R.** Para Clark y Coleman esos aspectos son solamente accesorios, manifestaciones "subsidiarias, cuya causa puede rastrearse hasta determinadas funciones extrasensoriales del cerebro" (19).

Por su parte, *la segunda ley* de la PU indica que las manifestaciones objetivas comúnmente asociadas a los ovnis son, en realidad, "subproductos, generados psicocinéticamente, de los procesos inconscientes que forman una visión de la cultura de otro mundo. Con existencia sólo temporal, en el mayor de los casos sólo son cuasifísicas" (20).

**P.** *¿Sólo "cuasifísicas", en el mejor de los casos"? ¿Qué clase de fenómeno es ése?*

**R.** Si yo lo supiera... Tal vez, algo así como un estado intermedio entre el mundo de los sueños y la realidad ordinaria, tangible, de todos los días. Marcial Nikopol definió inmejorablemente la base intelectual de esas novísimas interpretaciones:

> *"La transición que tiene lugar al promediar 1970 no abandona a los extraterrestres, sino que los deja a un costado. Los seguía necesitando para que los costados exóticos de sus hipótesis más avanzadas (en el sentido que marcaban una nítida ruptura con la HET clásica) pudieran cerrar, sin retocar los datos más de la cuenta. Esta psiufología no negaba la existencia del fenómeno de los OVNI. Más bien, daba por sentada su realidad física, que trataba de acomodar a las diversas formas que iba adquiriendo la casuística, frente a las incoherencias que la HET empezaba a volver evidentes. Así fue como surgieron la parafísica, los arquetipos incendiarios, los efectos combinados de la metalógica, la nube negra de Hoyle, el plasma Psi, las manipulaciones espacio-temporales, las realidades paralelas y las esquirlas lúcidas de la Metafrasta de Arkión... Modelos desesperados de una ufología impaciente" (21).*

## Proyecciones y materializaciones

**P.** *Si podemos caracterizar el conjunto de especulaciones que conforman la paraufología, ¿podríamos señalar que todas atribuyen a los ovnis el carácter de proyecciones psíquicas del ser humano?*

**R.** Exacto, aunque sin negarles por completo características físicas y objetivas. En los setenta se hablará, una y otra vez, de los ovnis como "materializaciones" de la mente humana, en la más preclara tradición parapsicológica.

En este contexto, cabe recordar lo que fue el modelo PSI del ufólogo francés Pierre Vieroudy, en su famoso libro *Ces OVNI qui annoncent le surhomme* (*Los ovnis que anuncian el súper-hombre*), uno de los ensayos más interesantes y sugestivos de su época (22). Las vigas maestras del modelo de Vieroudy son, a grandes rasgos, las siguientes:

**a)** Existe una conexión directa entre la *aparición OVNI* y el testigo que lo percibe, al punto que son *realmente indisociables*.

**b)** En razón de lo anterior, el fenómeno ovni no es ni completamente objetivo ni subjetivo; esto implica que tiene un carácter parafísico, no mensurable desde las categorías convencionales de "real" o "imaginario".

**c)** Los ovnis, en cuanto estímulos extraordinarios y ambiguos, cumplen determinadas funciones en la evolución global de la conciencia humana, preanunciando su transformación generalizada.

**d)** No es descartable que los ovnis estén destinados a ser vistos por los testigos.

**P.** *Es decir, nuevamente estamos ante la idea de que el ser humano tiene un papel central en la génesis de las apariciones de ovnis, aun cuando sin negarles una existencia autónoma*

**R.** De hecho, llamado a clarificar su postura en la revista belga *Inforespace*, en 1978, Vieroudy definió el problema en estos términos:

*"El universo no sólo es material, sino psíquico, y nosotros estaríamos sumergidos en una especie de baño cósmico, a modo de conciencia cósmica. Este medio psicofísico universal reaccionaría a nuestros pensamientos y tendería a objetivarse bajo la forma de materializaciones temporales"* *(23).*

*P.* *¿Materializaciones temporales? ¿Cómo se genera, entonces, la observación de un ovni determinado?*

**R.** Vieroudy responde:

*"El conjunto de los contenidos psíquicos conscientes e inconscientes del testigo constituiría una especie de molde en el que vendría a tomar forma esta energía psicofísica ambiental. El fenómeno OVNI resultaría, de hecho, de la interacción de ese medio energético con el psiquismo humano" (24).*

*P.* *¿Qué otros modelos paraufológicos, fuera de los que ya revisamos (Vallée, Keel, Clark y Coleman, Vieroudy), pueden considerarse dignos de mención?*

**R.** Hay varios más, por lo que se impone una clarificación necesaria. Existen hipótesis paraufológicas que son tan descabelladas como cualquier historia de contactados o de autopsias extraterrestres; a éstas les llamo PU "dura". Otras, que introducen el elemento paranormal con más o menos rigor según los casos; es la PU "media". Finalmente, hay un desarrollo muy interesante que, partiendo de la aceptación de un fenómeno ovni original, rehúye las implicaciones más exorbitantes de las elucubraciones ovnísticas... para detenerse en sus efectos sobre las creencias y actitudes del ser humano; es la PU "moderada" o "revisada".

A su vez, los autores han deambulado erráticamente por el espectro: Vallée, pasa de la PU "media" –su hábitat natural– a la "dura" en más de una ocasión; Keel lo hace con mucha mayor frecuencia; la dupla Clark-Coleman y Vieroudy, saltan de la "media" a la "moderada" a intervalos muy irregulares.

*P.* *Entonces, veamos algo de PU, sea "dura" o "media".*

**R.** No me gusta clasificar tan puntillosamente las posiciones teóricas pero, ya que estamos en esto, qué más da. Aquí se puede mencionar el auge, en plena moda paraufológica, de un boletín estadounidense – *UFOlogy Notebook*–, que era la tribuna natural de las nuevas ideas que zarandeaban la ufología ortodoxa. El *UFOlogy Notebook* estaba dirigido por un investigador muy vanguardista, Allen H. Greenfield, quien escribió en su provocador ensayo *On the Nature of Archetypes and Psychic Projections as They Relate to the Enigma of UFOS* (publicado en 1977 en el boletín *Ufology Notebook* y traducible como *Sobre la naturaleza de los arquetipos y las proyecciones psíquicas y como se relacionan con el enigma de los ovnis*), lo que sigue:

> *"Es mi opinión que los fenómenos ovnis representan un intento hecho por la Psique inconsciente humana para proyectar un símbolo arquetípico colectivo en el aparentemente eterno (material, no físico) entorno" (25).*

**P.** *"Material, no físico". ¡Vaya jerga! Como le dije, con esto la ufología se ha complicado tanto, que ha devenido en meras elucubraciones filosóficas, de variable consistencia académica.*
**R.** Un colaborador de Greenfield, el neoufólogo Lou Wiedemann, lleva las cosas, en mi opinión, aún más lejos. En *The Truth about UFOs*, Wiedemann se permite un ejercicio imaginativo desconcertante:

> *"No existen cosas como los ovnis, en tanto en cuanto no tienen ninguna existencia independiente de la mente. El hecho es que la mente humana tiene la capacidad de proyectar imágenes sólidas, y estas imágenes llegan a convertirse en reales en todo el sentido de la palabra... El gobierno ha suprimido esta información ante el hecho sorprendente de que las evidencias y las pruebas científicas también demuestran de forma concluyente, que toda nuestra realidad está hecha de las proyecciones de nuestro inconsciente colectivo... El riesgo real es tan grande que apenas si puede ser concebido... si una parte lo suficientemente grande de la población pudiese llegar a comprender y/o creer la verdad, nuestro mundo tal como lo conocemos dejaría de existir" (26).*

**P.** *Es la más fantasiosa versión de constructivismo que yo haya escuchado.*

**R.** Efectivamente, aquí entramos en un proceso que Sheaffer llamó "liberación de la realidad" (27); las afirmaciones de figuras emblemáticas de la PU más extrema –al estilo de Thomas Bearden, por ejemplo– permanecen en una especie de limbo etéreo, inaccesibles a la crítica. Es muy difícil refutar la tesis de que un testigo determinado, en lugar de ver un fenómeno atmosférico, contempló un objeto psicoide proyectado psicocinéticamente por el Inconsciente Colectivo, lo que produjo una extraña fisura espacio-temporal...

## Los dioses del nuevo milenio

**P.** *A propósito de celebridades, me interesa el caso del escritor estadounidense Brad Steiger.*

**R.** Steiger se hizo famoso en el ámbito hispanoamericano con el libro *Forasteros del espacio* (28), de gran influencia en la década de los sesenta. Se trata de un texto, en general, bastante ortodoxo, sin perjuicio de algunas especulaciones algo osadas para su época. En todo caso, y debido a su condición de "especialista en fenómenos psíquicos", Steiger no tardó en relacionar los ovnis con alguna suerte de imponderable metafísico y paranormal. Rompió con su etapa de ovnílogo clásico, leyó a Keel y Vallée con devoción, y se unió con entusiasmo a la nueva ola ufológica de los años setenta. Finalmente, perdida la brújula de la mesura y el equilibrio, involucionó hacia el contactismo, convirtiéndose en el propugnador de ideas cada vez más extrañas y retorcidas. De cualquier forma, es un hombre de una imaginación desbordante.

Su libro paraufológico más famoso fue *Gods of Aquarius. Ufos and the Transformation of Man* (29). Allí Steiger sugiere que los ovnis tienen la función de preparar (y acelerar) la transformación global de la mente humana. Un mundo paralelo, una realidad alterna, sería la verdadera explicación del origen de los ovnis:

> *"Creo firmemente que todo aquello que hemos estado denominando naves espaciales son mecanismos multidimensionales o constituciones psíquicas de nuestros compañeros parafísicos" (30).*

*P.* Tengo la impresión de que los "paraufólogos" no se hacen mayores problemas con el tema de la objetividad y subjetividad de los testimonios...

**R.** Es cierto que ese tema no les quita el sueño. Todos parecen seguir las ideas del gran periodista científico que fue Michael Talbot, fallecido en mayo de 1992. Talbot, en su notable libro *Misticismo y física moderna* (31), plantea la existencia de una especie de *"estructurador de la realidad"* que explica desde las apariciones marianas hasta los ovnis. Además, defiende la noción de "omnijetividad" del universo: la realidad no es objetiva ni subjetiva, sino omnijetiva. Cualquier distinción rígida le parece arbitraria, en este universo esencialmente participativo.

*P.* Volvamos a Steiger. ¿Se explican los ovnis por una supuesta "función" en el destino humano?

**R.** Naturalmente. En un trabajo posterior (32), Steiger comenta algunas implicaciones de *Gods of Aquarius*:

> *"(...) sugerí que el ovni suministra al hombre contemporáneo un símbolo mitológico vital y vivo, una 'imagen que afecta', que se comunica directamente con su ser esencial, sobrepasando al cerebro, evadiendo la cultura, manipulando el conocimiento histórico".*

*P.* ¿"Evadiendo la cultura"? No sé si los ovnis, pero la mayoría de los ufólogos sí lo hacen, al rechazar sin más las objeciones de los científicos, tanto naturales como sociales...

**R.** Se refiere a la formación de una suerte de "cultura paralela a la oficial", congregada en torno al tema de los ovnis y a la *creencia en la visitación extraterrestre.* El propio Vallée, en *El colegio invisible*, llegó a comparar este proceso con la paulatina transmutación de la conciencia al interior del Imperio Romano, operada por la acción subversiva de una secta judía mistérica y helenizante, más conocida como cristianismo. No deja de ser un enfoque sugerente. Y aquí entramos en el arduo tema – que no podemos profundizar aquí– de las diferencias entre subcultura y contracultura. En un sentido peyorativo, la ufología sólo es una "subcultura", un mundo mental aparte, aunque formado y dependiente de los materiales de la cultura general o dominante, sin posibilidad de introducir cambios radicales en la sociedad o de aportar conocimientos genuinamente novedosos.

La "contracultura", en cambio, sí es capaz de ofrecer algo sustancialmente nuevo, pues implica una transformación de los sistemas de creencias que, en algunos casos, puede generalizarse. Por cierto, el éxito o fracaso de una contracultura es independiente de la verdad o falsedad de sus supuestos, pues se relaciona más directamente con las expectativas y sueños del ser humano, que con la validez o facticidad del conocimiento. El brillante pensador y ecósofo Theodor Roszack, ha hecho un estudio que se desliza por los vericuetos de los movimientos políticos e intelectuales de la década de los sesenta...

**P.** *La ufología, ¿es una subcultura o una contracultura?*

**R.** ¡Vaya pregunta! Quizás, en sus distintas versiones, participe de una u otra. El contactismo, por ejemplo, es una subcultura nítida: sin embargo, una expansión sin precedentes del contactismo a nivel mundial la haría convertirse en contracultura emergente y con derecho a participar del festín ideológico oficial. Ahora, si tal hipotética expansión triunfase y el contactismo se transformara en "la religión del siglo XXI"... bueno, ya tampoco sería una contracultura, sino una de las formas de la cultura dominante.

Retornando a Steiger, resulta fructífero citar uno de sus momentos de mayor exaltación:

> *"Sugerir que el ovni es un símbolo mitológico vivo no es disminuir su realidad en un sentido físico y objetivo. En última instancia, el ovni puede ser más real que las realidades transitorias de las computadoras, máquinas, partidos y asociaciones políticas o detentes. Mediante la catarsis cósmica de los sueños, visiones e inspiraciones, el ovni servirá como partera espiritual para dar a luz a la humanidad en el universo" (33).*

En pleno furor de la PU de los setenta, ¡qué lejos habían quedado los tiempos de los simples platillos voladores con marcianos adentro! De pronto, los autores comenzaron a crear una especie de "psicofilosofía" de los ovnis. Para Clark y Coleman, por ejemplo, la aparición de los célebres platillos era, a raíz de las aventuras y desventuras del mundo moderno, *sencillamente inevitable*; los ovnis *debían aparecer*, pues encarnan –en cuanto símbolos arquetípicos– los aspectos de la mente humana que han sido desalojados de la conciencia, por la violencia inherente a una visión del mundo que ha triunfado de manera, al parecer, irreversible. El inconsciente colectivo, reprimido por un mundo maquínico e híper-programado, tenderá a asumir diversas formas de desahogo; el irracionalismo se vengará de los sojuzgadores de la fantasía:

> *"El hombre está al borde de la catástrofe porque nuestra edad le ha negado la capacidad de creencia en lo mágico y maravilloso. Ha destruido los elementos místicos e irracionales que tradicionalmente le vinculaban a la naturaleza y sus compañeros. Ha enfatizado la racionalidad excluyendo la intuición, las acusaciones excluyendo los sueños, al hombre excluyendo a la mujer y a las máquinas excluyendo a los sueños"* (34).

*P. Todo muy paraufológico, sin duda. Mas, me pregunto si hubo investigadores tradicionalmente vinculados a la parapsicología, que se hayan involucrado en este orden de discusiones.*

**R.** El más famoso, me parece, fue Scott Rogo, parapsicólogo de nota en los Estados Unidos. Su libro *El universo encantado* (35), es una verdadera "tormenta de ideas" en relación con lo que estamos hablando. El subtítulo de la edición en español es muy elocuente: "espectros, ovnis, invasiones de otros mundos... ¿misterios de la naturaleza?". Todo junto, en una mezcla peligrosa...

*P. A propósito, según la PU, ¿son los ovnis "independientes" del testigo que los observa?*

**R.** Son muchas las posiciones sobre el particular, según estamos en la parte dura o moderada del espectro. En ese tema, Vallée, por una parte, y Clark y Coleman, por otra, postulaban soluciones encontradas. Para el primero, la experiencia ovni se desarrollaba en un contexto controlado por el propio fenómeno, el que *se dirigía al testigo*. Para los segundos, en cambio, las condiciones de la experiencia ufológica eran controladas por el perceptor humano; en esta última situación, el fenómeno ovni sería por completo derivado y no podría adjudicársele autonomía alguna.

## El alto precio de los viajes del espíritu

*P. Le seré sincero: si la PU quería remediar las limitaciones e incongruencias de la HET, podría afirmarse que el remedio resultó peor que la enfermedad.*

**R.** Es una de las críticas más demoledoras que se le han hecho a la PU, pues plantea aparentemente más problemas de los que resuelve. La regla lógica conocida como "la navaja de Ockham" según la cual "los entes no deben multiplicarse más allá de lo necesario" (*Entia non multiplicanda praeter necessitatem*), es vulnerada por la PU de una manera flagrante, pues ¿qué haremos con el súper-espectro y los universos paralelos?

No obstante, y pese a todas estas reservas, la PU tuvo el mérito de poner en cuestión todo el discurso ufológico tradicional, especialmente su fisicalismo y mecanicismo. Además, preparó el camino para el desarrollo de una ufología centrada en los aspectos psicosociales de la experiencia ovni. Y... yo también le seré sincero: hay algunos elementos de la PU, que mantienen su vigencia. Lo diré así: *si la PU no tiene razón, por lo menos tiene razones.*

# NOTAS

(1)    Plaza y Janés, Barcelona, 1972 (reeditada en 1976). Edición original en inglés: *Passport to Magonia*, Regnery, Chicago, 1969.

(2)    Regnery, Chicago, 1965.

(3)    Pomaire, Barcelona, 1967.

(4)    *Pasaporte*..., cit., p. 13.

(5)    Op. cit., p. 12.

(6)    En *El gran enigma de los platillos volantes*, Plaza y Janés, Barcelona, 1974, pps. 296-297.

(7)    Diana, México, 1981.

(8)    Op. cit., p. 65.

(9)    Op. cit., p. 36.

(10)    Reediciones Anómalas, Alicante, 2016. Una edición anterior: V Siglos, México, 1975. La versión en inglés es de Putnam, Nueva York.

(11)    Citado por P. Ferriz y C. Siguret: *Los hombres del OVNI*, Diana, México, 1981, p. 177.

(12)    Ídem.

(13)    Op. cit., p. 185.

(14)    Op. cit., pps. 185-186.

(15)    *The UFO Experience*, Regnery, Chicago, 1972.

(16)    *The edge of reality*, Regnery, Chicago, 1975.

(17)    CUFOS, Evanston, 1978.

(18)    Warner, Nueva York.

(19)    Fr. con H. Carrington y N. Fodor, *Haunted People*, Signet Mystic Books, Nueva York, 1968.

(20)    Cfr. Al propio J. Clark: "Vallee discusses UFO control system", en *Fate*, febrero de 1980.

(21)    "El pensamiento vivo de Thierry Pinvidic, o el sueño despierto de un ex homo ufologicus", en *Cuadernos de Ufología*, Nro. 6., Santander, 1989, pps. 72-78.

(22)    Tchou, 1977.

(23)    "Pourquoi le modéle parapsychologique", en *Inforespace*, VII, Nro. 40, 1978, pps. 11-14.

(24)    Op. cit.

(25)    Citado por Robert Sheaffer: *Veredicto OVNI*, Tikal, Gerona, 1994, p. 249.

(26)    "The truth about UFOs", en *UFOlogy Notebook*, Nro. 5, 1977.
(27)    Op. cit., pps. 245-253.
(28)    Pomaire, Barcelona, 1968.
(29)    Harcourt, Nueva York, 1976.
(30)    Op. cit., p. 7.
(31)    Kairós, Barcelona, 1987.
(32)    *Mysteries of time and space*, Dell, 1976
(33)    Steiger: *Proyecto Libro Azul*, Edaf, Madrid, 1978, p. 313.
(34)    Op. cit.
(35)    Martínez Roca, Barcelona, 1981.

# CAPÍTULO VI
## Ovnis, monstruos, prodigios y maravillas

## Los reinos ignotos

**P.** *¿De qué hablaremos a continuación?*
**R.** A partir de ahora, le solicito que suspenda momentáneamente su sentido crítico y me acompañe en un breve recorrido por las especulaciones más increíbles a que ha dado lugar la ufología. Estoy seguro de que se sorprenderá.

**P.** *¿Revisaremos hipótesis bizarras?*
**R.** Algunas provienen de la paraufología "dura", fuera de toda limitación, digamos, fáctica. Otras, de las fuentes más diversas. Comenzaré, por la llamada "hipótesis intraterrestre", que postula que la tierra es hueca... y que del interior de ella, provienen los ovnis.

**P.** *¿Hueca la Tierra? ¿Así como en la novela de Julio Verne, Viaje al Centro de la Tierra?*

**R.** Así es. Naturalmente la idea de la Tierra hueca preexiste a la problemática ovni. La intuición literaria y religiosa siempre ha contemplado la existencia de un mundo oculto... en este mundo, fundamentalmente según la imagen de un reino subterráneo, accesible sólo a los iniciados. Piense en las leyendas de Agharti (para algunos, Shamballa), esa ciudad fabulosa de hombres-dioses, cuya entrada estaría en el desierto de Gobi o quizás en el Tíbet...

**P.** *Por más que usted intente posar de racionalista, escéptico moderado, anclado en las ciencias sociales, no deja de exhibir los flecos esotéricos en cuanto se le presenta la ocasión.*

**R.** Nos podemos sentar una tarde entera a conversar de esos temas, si usted lo desea.

**P.** *No, gracias. Ahora sigamos con la "ufología intraterrestre".*

**R.** El astrónomo del siglo XVII, Edmund Halley (descubridor de las periodicidades del cometa que lleva su nombre) adelantó la conjetura de que la Tierra podía ser hueca, compuesta de esferas concéntricas, hasta llegar a un Sol central. Muchos más siguieron esta senda, agregando o refinando los detalles. Uno de los más famosos fue el militar estadounidense John Cleves Symmes, quien –a comienzos del siglo XIX– buscó infructuosamente ayuda gubernamental para viajar al mundo subterráneo.

Ahora bien, acotando la historia al puro ámbito ufológico, cabe citar al divulgador Ray Palmer, quien ya en 1946 había elucubrado en torno a inmensas galerías subterráneas. Luego, con el advenimiento de las primeras noticias sobre platillos voladores, Palmer creyó que estaban directamente relacionadas con sus peculiares ideas sobre grotescas criaturas intraterrestres. De hecho, Palmer sostuvo que existía una abertura gigantesca en el Polo Norte, una gran entrada al interior de la Tierra hueca. Por dicha abertura ingresaban y salían los Ovnis...

Posteriormente, en 1964, Raymond Bernard continúa y profundiza las especulaciones de Palmer, dándoles carta de ciudadanía en el mundo ufológico.

**P.** *Sin embargo, la geología contemporánea nos enseña que la Tierra no es hueca, sino maciza; que no está conformada por esferas concéntricas, sino por capas sucesivas; que no tiene un Sol interior y central... sino un enorme núcleo incandescente.*

**R.** Que es precisamente lo que yo pienso.

**P.** *Entonces, ¿por qué noto en usted cierto grado de fruición cuando se refiere a la Tierra hueca?*

**R.** Es efecto de lo que Joseph Campbell habría llamado "la fuerza del mito". En lo personal, no creo en las sugerencias de Palmer, Bernard y demás, aunque no puedo negar la belleza arquetípica de tales ideas. Recuerdo un viaje que realicé al sur de Chile hace algunos años, mientras leía *Las pruebas materiales de la Tierra* hueca (1), del ufólogo argentino Héctor Antonio Piccó. Era un día bellísimo, muy frío, acababa de llover y el Sol se colaba entre nubes inmensas y amenazadoras, por aquí y allá, dándole al mundo un aspecto luminoso. Me sentí sobrecogido ante tanta belleza y comprendí que los mitos funcionan a un nivel suprarracional, como el propio espectáculo que tenía ante mis ojos.

Entonces, se puede rechazar racionalmente una idea, pero conservando al mismo tiempo su valor intrínseco, que en este caso es mitológico.

## Platillos voladores muy terrestres

**P.** *En los comienzos de la ufología, se especulaba sobre el origen terrestre de los ovnis.*

**R.** En efecto, los platillos voladores despertaron sospechas geopolíticas y muy terrestres. Algunos les adjudicaron el carácter de "armas secretas rusas". Huelga decir que, con el transcurso del tiempo, tal explicación fue sufriendo un progresivo deterioro, ya que ningún arma "secreta" se exhibe tan impunemente por todas partes y ante tal multitud de testigos, como se desprendía de los relatos ufológicos de entonces. Además, a los misteriosos ingenios volantes se les atribuían maniobras tan increíbles que, por cierto, revelaban una superioridad tecnológica tal... que le habría dado el dominio absoluto a la potencia que los poseyese. Por el lado de los "socialismos reales", a su vez, el tema

113

era ignorado en forma más o menos sistemática. Se estigmatizaba la ola de platillista del mundo occidental como "maniobras comunicacionales del imperialismo para la entretención de las masas".

*P. ¿De dónde proviene la idea de los platillos voladores de fabricación nazi?*

**R.** También en los tiernos años de la primera ufología, surgieron rumores de que los famosos platillos podían ser obra de científicos nazis que pervivirían –ocultos– en algún remoto lugar del planeta. Esta idea, aparentemente tan descabellada, tenía sin embargo algún antecedente fáctico que la hacía, por lo menos, ser una especulación legítima. Investigaciones de posguerra revelaron que la Alemania nazi había comenzado un proyecto de vehículo aéreo discoidal que nunca llegó a concretarse plenamente. En virtud de estos hechos, se fueron agregando nuevos rumores, muchos de ellos de fantásticas implicaciones; y la hipótesis de los ovnis nazis, siempre marginal en la ufología, nunca desapareció del todo,

De hecho, resurge a intervalos regulares, como lo demuestran los avatares de la literatura ovnística. Antonio Ribera, en 1976 (2), resucitó esta hipótesis (aunque sólo para explicar *parcialmente* el fenómeno ovni). Lo hizo basándose en la casuística que refería los aterrizajes de las misteriosas naves y la aparición de sus supuestos tripulantes. Muchos de ellos no eran marcianos cabezones y bajitos, sino seres humanos nórdicos: altos, rubios y de complexión atlética. Lo que llamó la atención de Ribera fue que la mayoría de esos casos se concentraban en el cono sur de América (Argentina, especialmente). La pregunta obligada: ¿Y si en la Patagonia estuvieron instaladas esas míticas bases de científicos alemanes? Posteriormente, el chileno Miguel Serrano amplió –desde una óptica partidaria y militante– la idea del origen nazi de los míticos platillos voladores, en su polémico libro *Los ovnis de Hitler contra el Nuevo Orden Mundial* (3). Dejémoslo por aquí.

## Los misteriosos "critters"

*P. A propósito de temas bizarros, ¿es cierto que un sector ufológico ha coqueteado con la idea de que los ovnis puedan ser una forma de vida... desconocida?*

**R.** Usted dice, ¿los propios ovnis considerados como "seres vivientes"?

*P. Sí.*

**R.** Bien, esa es una hipótesis tan antigua como la ufología. El propio Kenneth Arnold sostuvo alguna vez una especulación parecida. Y, posteriormente, otros investigadores se fueron abriendo a esta fantástica posibilidad. El formato básico, con ligeras variaciones, es el siguiente: los ovnis no serían máquinas ni aparatos voladores, sino una especie de animales espaciales, por lo regular habitantes de la ionósfera, cuyo alimento estaría constituido por energía solar o "energía pura" (vaya uno a saber qué se entiende por "energía pura").

Otto Binder, por ejemplo, creía que los testigos de ovnis confundían los múltiples ojos de estos seres con ventanillas. El zoólogo Ivan Sanderson, a su vez, sostenía que el comportamiento de los ovnis podía compararse con el de entidades biológicas... más que con astronaves extraterrestres. Sin embargo, el "jefe de la escuela" en esta materia es el ufólogo estadounidense Trevor Constable, en cuyas ideas quisiera detenerme a continuación.

Constable, ex oficial de la Marina Mercante estadounidense y famoso historiador de la Aviación, llevó la idea de los ovnis como animales aéreos y desconocidos... a su más alto nivel de desarrollo: los situó en la ionósfera. Hasta donde sé, Constable ha escrito dos libros donde defiende su curiosa hipótesis: *They live in the sky* (1958) y *The cosmic pulse of life* (1976).

Los seres vivos de Constable son masas luminosas, variables y pulsantes, a los que se ha dado en llamar critters. Los critters serían los extrañísimos animales de la alta atmósfera que a veces descienden miles de metros, y pasan a ser vistos por los seres humanos.

Lo cierto es que las teorías de Constable reconocen su fuente en Rudolf Steiner y Wilhelm Reich. Del primero, tomó prestadas las nociones de "éter" y "cuerpo etérico"; sí, ya lo habrá adivinado el lector: según nuestro ufólogo los critters tienen substancia etérica y son, por así decirlo, "ideoplasmas", seres "psicofísicos".

*P. ¿Y en qué medida pudo verse Constable influido por Wilhelm Reich?*

**R.** Reich, recordémoslo, fue un psicoanalista heterodoxo, que buscaba la liberación y felicidad humanas... a través de la sexualidad no reprimida y de la experiencia orgásmica. Su primera etapa fue socio-política, dedicándose a fomentar círculos de instrucción sexual para los obreros. Una segunda etapa de su pensamiento, le llevó a profundizar sus ideas sobre el papel preponderante del sexo en la vida humana. Sostuvo que existía en el universo una sustancia llamada "orgón" (de "orgasmo"), de color azul, y que era la Energía Primordial.

En esta etapa "orgónica", cuando vivía en Estados Unidos, en gran parte debido a su paranoia y a las injustas persecuciones y burlas de que fue objeto, Reich comenzó a abrazar teorías pintorescas y excéntricas, por no decir descabelladas. Inventó máquinas para acumular orgón, tiró flores desde una avioneta sobre el desierto de Mojave... Era un hombre extraordinario.

Constable siempre admiró a Reich y se sintió afortunado de haber concebido la hipótesis de los critters y avanzar más en el conocimiento de las energías etéricas y orgónicas. Incluso, Robert McCullogh, que había sido ayudante de Reich, se convirtió en brazo derecho de Constable junto a James O. Wood, otro aventurero. Trabajaron durante décadas, persiguiendo a esos supuestos seres plasmoides, semi-inorgánicos.

## Mundo de creaturas

*P. A propósito, ¿que es la criptozoología?*
**R.** Se dice que es el estudio de los animales ocultos, desconocidos, que pueden existir o no. En lo personal, considero que la criptozoología –actualmente– está más cerca de los estudios sobre el mito y el folklore que de la biología. Lo digo porque el mundo (ancho y vasto, pero no tanto) ha sido lo suficientemente explorado, al punto que ya casi no hay rincones inaccesibles.

Como es lógico, siempre podemos llevarnos sorpresas. Es seguro que aún quedan especies por descubrirse, sobre todo en las fosas abisales, en los abismos del mar, lugares donde existen los animales más extraños del planeta. La historia es pródiga en ejemplos que dejaron perpleja a la comunidad zoológica.

*P. ¿Ejemplos?*

**R.** El descubrimiento del okapi, una mezcla de antílope y jirafa, hallado a comienzos del siglo XX en el corazón de la selva africana; o el caso del celacanto (Latimeria), pez prehistórico, que se creía extinguido desde hacía millones de años... y hoy vive tranquilamente en el Océano Índico. Etcétera.

Naturalmente, son casos aislados. Pero la criptozoología ha soñado siempre con revelaciones más espectaculares: hombres-mono, el yeti, "Pie Grande", el monstruo del Lago Ness, pterodáctilos, dinosaurios, en fin, toda una galería de seres fantásticos coexistiendo con nosotros. El paralelismo con la ufología es obvio: la evidencia siempre es esquiva ("el fenómeno que se escapa"). Y está basada en el testimonio humano (muchas veces de carácter legendario, transmitido de generación en generación). Además, ¿quién no ha escuchado, alguna vez, algún relato que nos describe un animal marino que nadie había visto jamás o una creatura del bosque parecida a los seres humanos? Me decía un señor que regentaba un hotel en la playa: "Ahí, en esas rocas apareció una creatura informe, plana, como un enorme gusano circular, que llegó hasta la arena a la velocidad del rayo, provocando la huida de mis perros... aterrorizándolos". Cierta o no la historia, debo admitir que se me quitaron todas las ganas de meterme al agua después de escucharla.

*P. No sé por qué sospecho que los ufólogos también han metido sus narices en la criptozoología...*

**R.** De hecho, el principal valedor de esa conexión ha sido John Keel, de quien hablamos anteriormente. Según Keel, ciertas oleadas de ovnis estaban vinculadas con denuncias de avistamientos de animales extrañísimos o monstruosos: gatos gigantes, tigres de dientes de sable, serpientes marinas y un largo etcétera de entes prodigiosos. En 1977, en el Congreso de Acapulco, nuestro ufólogo declaró:

> *"Se producen oleadas de monstruos, igual que se producen oleadas de ovnis; casi siempre justo antes, o poco después, de las avalanchas de platillos voladores. Entonces empecé a pensar en la posibilidad de una conexión entre ambos fenómenos.*

*"(...) Quedó establecido ahora que, bajo ciertas condiciones, personas perfectamente sanas, normales, comunes, pueden ver dinosaurios, serpientes marinas, platillos voladores, pterodáctilos, canguros y hombrecitos. Esas condiciones tienen, sin duda, relación con el magnetismo de la Tierra y con sus efectos sutiles sobre el cerebro del hombre" (4).*

**P.** *Es decir, en clave paraufológica, Keel sostiene que esas maravillas no son estrictamente reales, sino manifestaciones engañosas y aparentes de alguna clase de energía unitaria, que subyace a tales fenómenos.*

**R.** Yo no lo habría dicho mejor.

## Los heraldos de la Gran Mentira

**P.** *A ver, hemos hablado de la Tierra hueca, de los animales aéreos de la ionósfera, de la criptozoología. ¿Algo más para este capítulo?*

**R.** Existe otra variante de PU en una línea dura, que es la propugnada por el grupo francés OURANOS, con fuertes raíces guenonianas.

**P.** *¿Guenonianas? ¿Están las ideas de OURANOS, acaso, emparentadas con las obras de Jean Robin?*

**R.** Lo están, de hecho, aunque Robin representa una postura que es más extrema e independiente. Digamos, para comenzar, que Robin también se inspira en los cimientos diseñados por el famoso esoterista francés René Guénon.

**P.** *Mejor, para comenzar, hablemos brevemente de René Guénon, antes de pasar a Robin, y antes de abordar el tema OURANOS, para entender mejor este lío.*

**R.** Bien. Guénon fue un personaje extraordinario de la primera mitad del siglo XX. En su juventud, armado de una sed espiritual portentosa, deambuló por diversos círculos, desde el Sagrado Corazón de Jesús hasta logias masónicas y organizaciones neo-gnósticas. Por cierto, en una de estas últimas conoció al mundialmente famoso "Papus"

(Gerard Encausse), quien lo introdujo en la flor y nata del ocultismo francés de su época.

Sin embargo, en algún momento de su vida, y por razones que ni Paul Chacornac (su único biógrafo autorizado) ha podido aclarar, Guénon rompe ruidosamente con el ocultismo moderno, al que llega a considerar una distorsión, una desviación de la auténtica Tradición Primordial: esotérica, iniciática y regular. Rechaza, por lo mismo, al espiritismo de Allan Kardec y a la teosofía de Helena Petrovna Blavatski (cuya doctrina llama, peyorativamente, "teosofismo"). Ningún guenoniano ortodoxo aceptaría las enseñanzas de Annie Besant, Charles Leadbeater, el coronel Olcott, Alice Bailey ni de ninguno de sus seguidores posteriores, los que son legión y prácticamente monopolizan el, por así llamarlo, "esoterismo inauténtico". Tampoco se salvó de su implacable crítica la Antroposofía del filósofo austríaco Rudolf Steiner, aunque le reconoció cierto mérito intelectual y le respetaba muchísimo más que... a Blavatski, por ejemplo. Como sea, el conjunto de este neoespiritualismo siempre fue visto por Guénon como especioso y hasta fraudulento, una lamentable "falsificación moderna" de la sabiduría tradicional.

Para terminar la historia, debo agregar que Guénon poseyó una erudición esotérica casi inigualable. Finalmente murió en Egipto, convertido al islam, bajo el nombre de Abdel Wahid Yahia ("el servidor del Único"), sumido en cuerpo y alma en una tradición sufí akbariana.

*P. ¿Y qué tiene esto que ver con los ovnis?*
**R.** Tiene que ver con algunos elementos de la obra de Guénon que fueron retomados por OURANOS y su figura más destacada, el ufólogo francés Pierre Delval. Los elementos que menciono se inscriben en la visión cíclica de la Historia defendida por Guénon.

El evolucionismo, la visión evolutiva del mundo y el humano devenir, tan insistentemente defendida por Blavatski y similares le parece a Guénon una idea antitradicional, una desviación moderna. Siguiendo la cosmovisión hindú, Guénon plantea que estamos viviendo la Edad Oscura de Kali, el Kali-Yuga. Y, conforme avanza la flecha del tiempo, más nos sumergimos en las densas tinieblas... no de la evolución, sino de la involución generalizada de una época antiespiritual, emblematizada por el mundo moderno. Según Guénon, estos tiempos, los finales de todo un ciclo de civilización, son deletéreos, disolventes, pues existe una inteligencia que, como mínimo, acelera el proceso de disolución general. En su libro *La crisis del mundo moderno* (5), sólo insinúa la identidad de tal inteligencia rectora. En *El reino de la cantidad y los signos de los tiempos* (6), ya no duda en señalar que se trata del "espíritu del Anticristo", más que una persona determinada, un conglomerado de fuerzas oscuras y subversivas: el "Anticristo-Legión".

**P.** *Pierre Delval, el ufólogo, ¿insinúa que los ovnis forman parte del "Anticristo-Legión"?*

**R.** No lo insinúa; lo afirma expresamente en su obra *La manipulation occulte* (bajo el seudónimo de Jean-Michel Lesage). Según Delval, el auge del orientalismo (no se refiere a la tradición oriental en sí, sino a la que considera divulgación deformada y sediciosa), de los fenómenos psíquicos, del ocultismo blavastkiano y sus miríadas de epígonos del siglo XX, son una demostración palmaria de que hoy la mente humana se encuentra abierta a las peores influencias, provenientes de entidades parapsíquicas, que buscan sojuzgarnos y dominarnos. De ahí se deriva, para Delval, el carácter engañoso de los fenómenos ovni, que sólo causan confusión y desconcierto.

Quizá convenga señalar, llegados a este punto, que el grupo ufológico español IIEE (Instituto de Investigaciones y Estudios Exobiológicos), inspirado por OURANOS, se embarcó en el "proyecto Delfos", que busca contrarrestar los perniciosos efectos de estas fuerzas manipuladoras extrahumanas, tan enfáticamente denunciadas por Delval. Para los máximos dirigentes del IIEE, Pedro Valverde y Ramón Navia, hay que ser capaces de comprender cómo operan aquellas fuerzas, con el fin de neutralizarlas y desenmascararlas. El objetivo: *hacer visible lo invisible.* Los medios para lograrlo son la ouija, la mediumnidad, los estados alterados de conciencia, etc. Todo esto porque, en opinión de Valverde, "estas criaturas inteligentes se han aprovechado de nuestra necesidad de creer en algo superior, de afirmarnos en la creencia de un nivel espiritual, para usurpar sus funciones y representatividad" (7).

*P. ¿Cómo le ha ido al proyecto Delfos?*

**R.** Lo cierto es que como el IIEE es un grupo muy cerrado, no conozco noticias frescas sobre tales actividades. De todas formas le seleccionaré, para su edificación, cinco puntos del Manifiesto del Proyecto Delfos:

> *"1.- El fenómeno OVNI es total o parcialmente extraño al problema de la vida extraterrestre, con el cual se ha pretendido casi siempre asociarlo y justificarlo.*
> *2.- Muchas de las manifestaciones del fenómeno OVNI entran en los dominios de lo parafísico, nivel que por su naturaleza de alto contenido subjetivo puede escapar al análisis científico convencional.*
> *(...) 5.- Estas manifestaciones no son más que una de las múltiples facetas de un plano de existencia o universo oculto, extraño a nuestro mundo material, que está sujeto a las leyes del espacio- tiempo.*
> *6.- Su interferencia en los asuntos humanos debe insertarse en el contexto de un verdadero complot oculto, orientado posiblemente hacia un nuevo orden mundial.*
> *7.- Se puede concluir que el fenómeno OVNI y otras manifestaciones inexplicables tienen lugar en el plan de un vasto escenario de engaño".*

*P. Esto ya me recuerda a Robin.*

**R.** Con *Operación Orth. El increíble misterio de Rennes-Le-Château* (8), Robin se lanza a las más increíbles elucubraciones, centradas en la maquiavélica actividad de la Orden Negra. El objetivo de la Orden Negra sería la manipulación del fenómeno ovni, en pro del establecimiento del Gobierno Mundial, anti-tradicional, anti-iniciático, anti-crístico.

## Ovnis y demonios

*P. Tremebundo panorama el que nos plantea Jean Robin.*

**R.** Hay otros igualmente terribles, por ejemplo el de Salvador Freixedo en su primera etapa. Cabe señalar que Freixedo es un ex sacerdote jesuita, español avecindado por muchos años en Puerto Rico y en la práctica, "ciudadano del Caribe", aunque ha sentado sus reales en España. Siempre crítico de la Iglesia Católica, pese a formar parte de ella, la jerarquía toleró la heterodoxia de Freixedo hasta la publicación de su libro *Mi Iglesia duerme*: en ese momento le mostraron la tarjeta roja. Después comenzaron sus inquietantes incursiones en temas como la parapsicología, con su libro *El diabólico inconsciente* (9), y en la ufología, con *Extraterrestres y creencias religiosas* (10). Lo importante es que para Freixedo los paralelismos entre el fenómeno ovni y la demonología son muy estrechos...

**P.** *¿Un ejemplo?*
**R.** Pues, el intenso olor a azufre, descrito por algunos testigos de ovnis... El azufre, recordémoslo, es el olor de las huestes infernales.

**P.** *¡Un momento! ¿No se habrá perdido, en estas especulaciones, todo contacto con la etérea y fugaz manifestación ovni?*
**R.** Me parece que así es. El principal defecto de las elucubraciones al estilo de Robin y Freixedo, puede desglosarse en tres consideraciones críticas, a saber.

1. Están muy en deuda con la evidencia.
2. No son congruentes con la historia verdadera del fenómeno ovni y la ufología.
3. Sobreestiman la autonomía y el maquiavelismo del fenómeno ovni, a la vez que subestiman el papel de la cultura en la modelación del conjunto de creencias ufológicas. Yo, por el contrario, y parafraseando a Nietzsche, diré que el entramado ovnístico se me antoja "humano, demasiado humano".

**P.** *¿Y hay más "ufología satánica"?*
**R.** Mucha más; John Weldon y Zola Levitt, en su libro *Los OVNI: ¿qué está sucediendo en la Tierra?*, llegaron a afirmar: "Creemos que son los demonios quienes están detrás de este sorprendente fenómeno (se refieren a los ovnis, claro) y pensamos se halla relacionado con la Gran Tribulación que está por venir" (11).

*P. Apocaliptismo.*

**R.** Y muy lejos de esas edulcorantes versiones de los contactados, con sus extraterrestres seráficos y bondadosos.

Una anécdota. Después de la famosa abducción de los pescadores Calvin Parker y Charles Hickson, ocurrida el 11 de octubre de 1973 (en Pascagoula, Estados Unidos), abducción realizada por unos seres robóticos y monstruosos, un pastor bautista adelantó la "explicación diabólica". La congregación debió escuchar lo siguiente: "Esos seres que contactaron con los dos pescadores no confesaron que Jesucristo es el Hijo de Dios. ¿Sabéis qué dijeron?: BZZZZZZ" (12).

*P. Y usted, ¿qué opina?*
**R.** BZZZZZZ.

# NOTAS

(1)     Buenos Aires, 1987 (y 1994).

(2)     *Los doce triángulos de la muerte*, ATE, Barcelona, 1976.

(3)     S/edit, Santiago, 1993.

(4)     Cit. Por Ferriz y Siruguet: *Los hombres del OVNI*, Diana, México, 1981, p. 181.

(5)     Obelisco, Barcelona, 1990.

(6)     Huemul, Buenos Aires.

(7)     Ver sección "Noticias OVNI" en revista *Más Allá de la Ciencia*, Nro. 76, 1995.

(8)     Heptada, Madrid, 1991.

(9)     México, 1971.

(10)    México, 1973.

(11)    Clie, 1981.

(12)    J. Eszterhas: "Hombres con pinzas del espacio exterior", en *Rolling Stone*, enero de 1974, p. 44.

# INTERLUDIO 2
## En los abismos de la credulidad

*Está probado que no todos los ovnis son naves extraterrestres.*
**Woody Allen**

### ¡Oh! ¡Las autopsias!

Mi lema ufológico predilecto: nunca subestimes la credulidad de los ufólogos.

Después de los culebrones editoriales de J.J. Benítez, de las embestidas paranoicas de Freixedo, de la subliteratura de los Hermanos del Espacio y sus mensajes espirituales de la Nueva Era, después de éstas y otras perlas de ovnística autoría, pensé que ya lo había visto todo. Me equivocaba, por cierto. ¿Cómo pretender que los vendedores más grandes del mundo calmaran definitivamente su voracidad? ¿O que los conspiranoicos cesaran en sus cada vez más estrafalarias denuncias? ¿Por qué no esperar que salieran con su último gran numerito de fin de siglo?

Y llegó la autopsia extraterrestre. Un supuesto alienígena femenino es exhibido por las pantallas de televisión de todo el orbe, mientras unos

125

cirujanos más falsos que los rizos de un mandarín, le practican una torpe e imposible autopsia. Al camarógrafo supuesto –Jack B.– parece que le hubieran pagado para filmar mal: desenfoca siempre que puede surgir un detalle revelador, se aleja, vuelve, exaspera. Mientras tanto, un avispado de nombre Ray Santilli, empresario distribuidor de la autopsia, asegura el bienestar económico suyo y de su familia, "conchazo" de Roswell mediante. Sea.

Lo curioso es que hubiera tantos ufólogos dispuestos a comprarle el cuento a Santilli y sus secuaces. Para tragarse esa rueda de carreta hacía falta ostentar las mandíbulas de un Tiranosaurio Rex. Sobre todo, por las advertencias documentadas que, desde un comienzo, demostraban la inautenticidad (por así decirlo) del bulo. Y tomemos en cuenta que la mayoría de los ufólogos medianamente serios terminaron pronunciando la palabra "fraude", salvando así su "responsabilidad histórica" en el vidrioso asunto. Pero nada. Muchos picaron, precisamente cuando más se imponía la cautela, la prudencia, la reflexión. No los neutralizó ni el espíritu de cuerpo (1).

Ahora bien, el alienígena de la autopsia (o sea, "ella") no concordaba para nada con la descripción de los extraterrestres supuestamente accidentados en Roswell: estos, por ejemplo, tenían cuatro dedos; ella, en cambio exhibía impúdicamente seis dedos en cada una de sus delicadas manos. Hay que entender bien esta mentalidad del respetable creyente, pues si la pobre tenía cinco deditos... ya no podía ser extraterrestre. Jaime Maussán, en su ya comentada visita a Chile, explicaba la incongruencia con una salida "a lo Jalisco": dijo que la película de la autopsia no correspondía al *UFO-crash* de Roswell, sino a otro ovni, caído en Socorro, más o menos por la misma época. ¡Para sostener un mito se inventa otro! No era Roswell, era Socorro. ¿Seis o cuatro dedos? ¡Cinco nunca! Como diría el estudioso mexicano Luis Ruiz Noguez: "así se escribe la historia de la ufología".

## Ovni-manía

Se equivoca, a su vez, quien crea que los vende-platillos escarmientan. Ademar Gevaerd, ufólogo brasileño, editor de la revista *UFO*, refería el caso de un supuesto humanoide capturado por el Ejército

126

brasileño, en circunstancias bastante confusas, por supuesto. Una persecución, una captura y la muerte del extraño ser. Luego, ¡los médicos le practicaron una autopsia! Gevaerd no se ruborizaba al mostrar dibujos de la pretendida autopsia, con la entidad (y sus verdes) patas arriba, en una camilla, según la nueva moda al uso. "Es cierto que lo de Santilli era falso, un fraude... pero esto no, ¿eh?". Lo que equivale a decir: "esto lo vendo yo, así que créame". Pero yo, lamento decirlo, soy un plumario de poca fe.

Lo digo pensando también en el ovnílogo ecuatoriano Jaime Rodríguez. En sus frecuentes arremetidas televisivas, desenfunda lo que pretende es una máxima que guía su accionar: "no lo crea, no lo niegue: investíguelo". Y es que así parece todo tan serio, tan imparcial... Claro, la investigación precede a la creencia. Tiene sentido. Mas, ¿es eso lo que verdaderamente hace Rodríguez? Ese Rodríguez que nos ametralla con calenturientas historias de conspiraciones sin un solo elemento probatorio; ése que se apoya en "expertos" como Jim Dilettoso, en charlatanes como Wendelle Stevens, en pseudo-cosmonautas como Marina Popovic. Sí, el mismo Rodríguez que presenta a un cornudo denunciando que un extraterrestre copula sistemáticamente con su esposa a raíz de lo que ésta quedó embarazada (eso me recuerda la historia del marido de una mujer de temperamento ardiente, que lo engañaba con los varones de la cuadra en que vivían; el pobre debía disfrazarse "de vecino" para acceder carnalmente a su esposa). Al amigo de Rodríguez le sugeriría que se disfrazara de alienígena y a lo mejor le resulta: "no lo niegue, pruébelo".

La exhortación de "investíguelo" es, en sí misma, bastante tramposa. Supone dos cosas:

**1)** "Yo ya investigué y descubrí que era cierto".

**2)** "Si usted hiciera lo mismo, llegaría a la misma conclusión que yo".

Como la mayoría de las fuentes en que se apoya Rodríguez son, por decirlo diplomáticamente, "dudosas", ningún investigador podría entrar a verificarlas. Son, de hecho, inverificables; tanto como el plesiosaurio del Lago Ness, o las hadas de sir Arthur Conan Doyle. Lo que quiero decir es que, en la ufología de Rodríguez, todo se reduce a creer sin cuestionamientos. Creerlo todo, o casi. Desde las mujeres embarazadas por alienígenas... hasta la próxima autopsia y el próximo platillo estrellado. Por si acaso, siempre nos mostrarán un memorándum firmado por no sé qué coronel retirado de la Fuerza Aérea estadounidense, y avalado por no sé cuál desconocido –y por lo común, inexistente– "asesor científico" de la NASA. En el fondo, las tres alternativas que en apariencia y en principio nos ofrece Rodríguez, terminan reduciéndose a una sola: ¡crea! ¡Créalo todo!

## "Yo estuve ahí"

Los cazadores de platillos volantes detestan a los ufólogos de salón o gabinete. Según aquellos, sólo quienes han ido al lugar del suceso y han entrevistado a los testigos y familiares, sólo ellos pueden opinar sobre un caso determinado. Los investigadores de campo pasan a ser, entonces, los héroes por naturaleza, los injustamente denostados, los olvidados que merecen toda nuestra consideración y respeto. Dicen: '"nosotros, los verdaderos investigadores". Esta frase, característica de la ovnimanía, supone que hay falsos investigadores; la distinción fundamental, entonces, no cabría hacerla respecto de ufólogos serios y ufólogos charlatanes. No: verdaderos o falsos. Y ya sabemos lo que, en estos ambientes, se entiende por "verdaderos". Por todo ello, los cazafantasmas pueden decir de los ufólogos de salón que "cacarean sobre los huevos que otros ponen". Me siento culpable de no andar correteando extraterrestres por ahí ...

Sin embargo, creo en la complementariedad de la ufología de campo y de gabinete. Ambas son indisociables. El problema surge cuando los fanáticos de las correrías en los montes, de las "alerta-ovnis", de los "video-ovnis", desarrollan una hostilidad creciente hacia los aspectos teóricos de la ufología contemporánea. Tal vez porque, a guisa de ejemplo, una seria reflexión antropológica o psicoanalítica sobre un caso pudiera restarle algo de espectacularidad y misterio.

Además, los investigadores de campo adoptan una actitud muy posesiva con sus casos: los demás no pueden, no deben, opinar sobre ellos. Mas, ¿qué hacer cuando el nivel de los encuestadores es, por regla general, muy bajo? Encuestadores que no saben distinguir fenómenos atmosféricos inusuales y ni siquiera identificar los objetos más corrientes de la bóveda celeste. Encuestadores, por si lo anterior fuera poco, que están llenos de prejuicios pro-ET, a juzgar por lo que destilan sus informes. "¿De qué color era la nave, señora?". "¿Qué hizo el *extraterrestre* después de que usted huyó?. Y los catálogos se siguen engrosando con materiales inutilizables... ¿Los escépticos? ¡Qué saben ellos, si no estuvieron ahí!

Alejandro Agostinelli, con su gracia habitual, ironizaba sobre este punto:

> *"Para salir a cazar extraterrestres, es preciso creer que deben andar por algún lado. Si no, tarde o temprano se convertirá en un repulsivo "ufólogo de salón". Lo peor en su especie: leen, reflexionan, piensan. ¡Miserables intelectuales!"* (2)

## Los vampiros estelares

Hojeo uno de los últimos productos ovnísticos de Salvador Freixedo, intitulado *La amenaza extraterrestre* (3). Nada tengo contra Freixedo. Por el contrario, su obra **no** ufológica es interesante, valiente y muy digna, aunque algo atrabiliaria. Sin embargo, hay que decir que sus opiniones ovnísticas se han ido poniendo peores con el paso del tiempo. Por lo menos en lo que a los ovnis respecta, Freixedo se ha instalado ya – sin vuelta atrás– en la patria del desvarío. Airea listas de más de cincuenta platillos voladores estrellados, repasa cuentos de niños abducidos y "faenados" al interior de los ovnis (desde los que se arrojan sus sanguinolentos restos), acusa al investigador escéptico Philip Klass de estar pagado por la CIA, etcétera...

Parece que Freixedo, casi sin percatarse de ello, ha estado aplicando la máxima de Tertuliano: *credo quia absurdum* ("lo creo porque es absurdo"). Y es que *La amenaza extraterrestre* repite la panoplia de *The Matrix*, un ladrillo delirante perpetrado por el estadounidense Valdemar Valerian (supongo que es un seudónimo). Las ideas centrales de *The*

*Matrix* (y del Freixedo de *La amenaza extraterrestre*) son, para edificación del lector, las siguientes:

**a)** Un pacto secreto entre el gobierno estadounidense y los extraterrestres.
**b)** Los alienígenas entregan conocimientos tecnológicos.
**c)** Los gringos ofrecen seres humanos (sus propios ciudadanos) para que los extraterrestres experimenten y hasta ¡se alimenten de ellos!

Freixedo no se amedrenta ante la falta de pruebas mínimas para refrendar sus insólitas afirmaciones. Tampoco lo complica la dudosa casuística que enarbola para cimentar sus ejemplos. Las cosas están demasiado claras, desde un principio, sin darnos chance de ejercer nuestra capacidad de duda. Pues, siguiendo las directrices de *The Matrix*, para él los extraterrestres son malvados cabezones que nos utilizan descaradamente, tanto desde el punto de vista físico como mental: nos "vampirizan" sin remordimiento alguno. Por lo mismo, Freixedo mira con visceral antipatía al fenómeno del contactismo; de hecho, considera que sus practicantes son groseramente manipulados por los alienígenas para mantener una Humanidad incauta y servil.

El problema es que el ex-jesuita parece obsesionado con el vampirismo psicofísico de nuestros visitantes. Supone que la excitación humana les alimenta. Por eso cree que los extraterrestres fomentan las actividades masivas como la religión y... el deporte (especialmente el fútbol), que mantienen a millones de personas atentas y expectantes, emanando ondas cerebrales que "son consumidas" por algunas misteriosas entidades.

Sin embargo, pese a lo grotesco de algunas de sus ideas ufológicas, en Freixedo se esconde un humanista impenitente, que aborrece todas las formas que –desde su perspectiva– pueda asumir la manipulación abusiva de los centros de poder: el patrioterismo, el militarismo, el fanatismo religioso, etcétera. Por ejemplo, en el tema de la guerra. Para Freixedo –como también para Orwell en su inolvidable *Homenaje a Cataluña* (la Guerra Civil española vista por un "trosco")–, aquella es la inmoralidad misma o, mejor aún, un gigantesco depósito de excrementos inicuos: nada la redime. Pero, recuérdese, estamos en la ufología de Freixedo, para quien todas estas carnicerías (ya tengan su origen en la raza, el credo religioso, la disputa territorial o la simple prepotencia de los más fuertes) son estimuladas por nuestros victimarios extraterrestres. Entonces nos advierte, en su libro *Los ovnis, ¿una amenaza para la humanidad?*, sobre cómo nuestra irracionalidad es funcional a los que nos sojuzgan desde las tinieblas:

> *"Si, como dijimos, que los 'dioses' por un lado buscan el dolor, excitación y terror, como medio para que los cerebros produzcan ondas que a ellos les interesan, y si por otro lado lo que quieren es vidas humanas tronchadas violentamente, y mejor si es con derramamiento de sangre, entonces tendremos que estar de acuerdo en que la guerra es otro instrumento perfecto para sus fines.*
>
> *Imagínese el lector en cualquiera de las grandes batallas de que nos habla la historia: un campo sembrado de cadáveres y de hombres heridos y agonizantes desangrándose lentamente (...) ¡qué banquete para estas sanguijuelas cósmicas y para estos dráculas del espacio!"* (4).

O sea, debemos cambiar el "creo que somos propiedad" de Charles Fort... por un "creo que somos comida", de Freixedo.

Debo agregar, pese a lo anteriormente expuesto, un punto a favor de Freixedo. Siempre he pensado que arriesgamos inútilmente nuestro pellejo al intentar comunicarnos con lejanas inteligencias a través de las señales de radio. La cosmovisión que subyace a estas aventuras a distancia es demasiado progresista y, por lo mismo, sumamente objetable. Se supone que toda súper-civilización que pudiéramos contactar sería de un alto nivel técnico y, asimismo, de un elevado nivel moral. Mas, ¿en qué se basa esta gratuita suposición? ¿Tiene algo más de fundamento que una mera expectativa ideológica? Me pregunto qué ocurriría si nos topáramos con unos psicópatas cósmicos, que se murieran de ganas por machacar y torturar a gente como nosotros, usando y abusando de su superioridad tecnológica. ¿Por qué los extraterrestres tienen que ser necesariamente buenos? Ninguno de los argumentos del estilo "si son tan avanzados, tienen que ser muy morales" me convence un ápice.

## Mi novia es una extraterrestre

En la exigua oferta ufológica de nuestras librerías, las obras del mexicano Luis Ramírez Reyes constituyen –después del omnipresente J.J. Benítez– la mayor cantidad de volúmenes disponibles. Reviso uno de sus más celebrados productos: *¡Alerta! Extraterrestres aquí* (5). La portada exhibe "grises" de los más diversos tipos, incluyendo el curioso subtítulo de "¿conoce usted alguno?". En una de ésas... Los héroes de Ramírez Reyes son Wendelle Stevens, Billy Meier, Ramiro Garza, entre otros próceres de la ufo-manía.

La contraportada me golpea con este tipo de preguntas: "¿no será su vecino un alienígena?"; "*¿está usted seguro de no ser uno de ellos?*". Y la verdad es que no; no estoy seguro. Tener cara de marciano puede ser indicativo de un origen extraplanetario. En todo caso, ¿es eso bueno o malo?

Prefiero no comprar el libro y devolverlo a la estantería. Para lo delirante de su contenido, ni siquiera es un libro barato. No me acusen de prejuicioso por detenerme en el umbral mismo de la adquisición; apliqué el mismo procedimiento del investigador español Luis Alfonso Gámez: "(...) el miedo a perder la integridad mental me impidió proseguir. Más vale cobarde vivo, que valiente descerebrado" (6).

## Teología ovnística

Me obsesiona –desde una perspectiva sociológica– el tema de los congresos sobre ovnis, en los que se aprende una barbaridad... Uno de ellos había tenido un nivel de cierta sensatez, hasta que, al calor del entusiasmo del público, empezó a transformarse en una suerte de aquelarre cósmico. Se trata de una atmósfera contagiosa, que desplaza la conciencia de todos los presentes como si se tratara de una marea irresistible. Sólo se salvan los bichos raros vacunados con sentido crítico.

En lo personal, tengo intensos recuerdos de aquellas jornadas. Evoco hoy a un astrónomo chileno, el profesor Rodrigo de la Vega, lanzando una soflama pro-ET tan delirante, que no tenía nada que envidiar al discurso de cualquier contactado. Lo más asombroso no era que un astrónomo –bastante maduro, hay que decirlo– se dejara llevar también por el fervor ambiental; lo notable era la devoción religiosa con que el público se tragaba cuanto le decían... como si un disparate dejara de serlo sólo porque viene con el imprimátur de haber sido dicho por un científico.

Aprendimos, esa tarde, un "cuasi-esoterismo" tan desvaído, que hasta los librillos de Conny Méndez nos parecían una entelequia digna de *El péndulo de Foucault*... Todo esto, cuando el Dr. De la Vega entabló un diálogo casi surrealista con un espontáneo del público acerca del cuerpo astral. Paracelso se debe haber revolcado en su tumba de medio milenio. Si hasta yo lo hacía en mi asiento, mientras veía que aun "Charlie" Paz Wells (hermano de Sixto), de la famosa Misión RAMA, miraba con ojos de quien cree que la cosa se está saliendo de madre.

En el clímax, nuestro profesor espetó a la embelesada audiencia: "Cuando Jesús crucificado dijo 'Padre, ¿por qué me has abandonado?', se estaba dirigiendo al Capitán de la Flota Galáctica". ¡Dios mío!

# CAPITULO VII
## Ufología y ciencias sociales

*El fenómeno OVNI presenta si no todos, casi todos los estímulos ambiguos.*
**Paolo Toselli**

### "El naufragio de los extraterrestres"

*P. Ya me armé de paciencia. Le sigo escuchando, pues...*
**R.** La hipótesis psicosociológica (HPS) surge como respuesta a las profundas incongruencias del discurso ufológico, a finales de los setenta, en Francia, país de larga tradición ufológica, y que había dado investigadores de la talla de Michel, Lagarde, Delval, Jaillat y Vieroudy. Aquí es necesaria una aclaración: los enfoques que intentaban explicar a los ovnis en términos psicosociales, son tan antiguos como el fenómeno mismo. Piénsese en los planteamientos que, en los años cuarenta, sugerían que las historias de platillos voladores eran el producto de una suerte de psicosis de las masas, un delirio paranoide de posguerra. O en la oleada francesa de 1954, vista por el Dr. Heuyer como una patología

social fantasiosa y alucinatoria. O las especulaciones del Dr. Wertheimer en el informe Condon.

Pero, para nuestros efectos, la HPS es un desarrollo teórico particular, nacido desde el seno de la propia ufología (en lo que radica su valor y sus innegables repercusiones). Por cierto, los ufólogos han sido tradicionalmente muy quisquillosos en lo que se refiere a la "crítica externa" a la ufología; pero la HPS es un hito teórico "interno", un punto de llegada, surgido desde las mismas entrañas del mundo ovnístico.

*P. Al parecer, la HPS no ha tenido resonancia universal.*

R. No, por cierto. Y ello se debe a lo que son sus notas dominantes, a saber:

1. Es un desarrollo teórico fundamentalmente europeo. Es más, partió siendo una ocupación de franceses (o autores de habla francesa, para ser más exactos); posteriormente, se incorporaron los investigadores ingleses, italianos, españoles y argentinos. Finalmente, también en los Estados Unidos, ufólogos escépticos como Westrum y Kottmeyer han enarbolado la bandera de la HPS.
2. Es una hipótesis racionalista. Lo es en el sentido de que no recurre a las categorías extraordinarias, paranormales o sobrenaturales para explicar el fenómeno.
3. Es una hipótesis deconstructiva y desmitificadora, ya que busca desmantelar completamente todo el entramado ufológico, sus contenidos y su forma de generar conocimientos y "saberes" sobre el tema.

*P. Mas, ¿qué implica el surgimiento de la HPS en el seno de la comunidad ufológica?*

R. Un cambio que podríamos llamar decisivo, definitivo. Verá. La paraufología representó un primer ataque al edificio "inmaculado" de la ufología clásica, pues demostró la esencia mitológica de la ufología y su carácter, digamos, sospechosamente terrestre. Sin embargo, la paraufología seguía sosteniendo la existencia de un fenómeno ovni original, abriendo decididamente una puerta a aspectos mágicos e irracionales o, por lo menos, a realidades paralelas y desconocidas.

La HPS, en cambio, tuvo la osadía de hacer innecesario lo anormal, lo fantástico. Sostuvo que la fenomenología ovni podía explicarse de una manera quizá inesperada, aunque bastante terrestre, como si de un gran y gigantesco sueño social se tratase.

**P.** *¿Cuál es el hito que da el pitazo inicial a la HPS, tal como* la conocemos actualmente?

**R.** La HPS es inaugurada por la obra pionera del francés Michel Monnerie. Éste fue, a lo largo de su dilatada carrera, un ufólogo clásico en todo el sentido de la palabra, pero que durante años incubó la duda acerca de la verosimilitud de las creencias ufológicas establecidas y, en cierto modo, "sacrosantas". Con su libro de 1977, *Et si les OVNIS n'existaient pas?* (1), Monnerie lanza una especie de bofetón al rostro de los investigadores conformistas, dedicándose a la ingrata tarea de hacer preguntas incómodas.

**P.** *Un libro, por demás, muy criticado.*

**R.** Sí, pero también muy incomprendido. Hay que entender las razones por las cuales Monnerie llegó a escribirlo. Lo pondré así: Monnerie, como ufólogo, trabajó fervientemente en la elaboración de metodologías cada vez más sutiles, para la adecuada captación de lo que aparece como inaprehensible, esto es, la caótica, imprevista y siempre elusiva manifestación ovni. De pronto, como nos ha ocurrido a todos los que no profesamos la religión platillista, percibe que lo único concreto en todo este lío... es que nada hay firme o presentable ante un severo tribunal de la evidencia. Uno se da cuenta de que *sólo trabaja con testimonios*, esencialmente falibles, fácilmente moldeables por los avatares de la cultura de masas. Es lo que estremece a Monnerie, el ufólogo clásico, y lo lleva a plantearse la famosa pregunta: ¿y si los ovnis no existieran?

Si sólo tenemos relatos, historias, ¿cómo es que las hemos creído casi siempre, sin ponerlas verdaderamente en tela de juicio? "Ah –dirán algunos–, tenemos los clásicos, los grandes casos de la ufología universal". Cabe preguntarse, ¿es que tales clásicos son tan indubitables, tan incuestionables, han sido investigados tan a fondo como para que creamos en ellos?

**P.** *¿No está usted exagerando la importancia de los clásicos?*

**R.** No, son los ufólogos ortodoxos quienes lo hacen. Monnerie destaca que, ante cada nuevo caso que se desmorona, los ufólogos se refugian instintivamente en el corpus tradicional de la ufología – conformado por los clásicos, por supuesto–, olvidando que todo cuanto la integra es escasamente fiable. Yo mismo me formulé la pregunta que titula el libro que comentamos... Innumerables veces...

Mire: ¿qué pauta conecta el testimonio de un señor que dice haber visto un platillo volador mientras piloteaba su avioneta particular, con el relato de una adolescente que afirma que unos enanos cabezones lo secuestraron y hasta le implantaron un extraño adminículo en el vientre? ¿Qué relaciona ambos sucesos que, bien mirados desde una serena perspectiva, no parecen tener ninguna conexión entre sí?

**P.** *No lo sé...*

**R.** Los conecta sólo la referencia al gran mito de la visitación de los extraterrestres. Es el gran pegamento. Gracias a él, lo inconexo adquiere una cierta organización, una estructura. Pero esa estructura depende en gran medida de las calificaciones, de las atribuciones de sentido que hemos hecho, incansablemente, a lo largo de la historia de la ufología. Hacía falta mucho valor o, mejor aún, una gran lucidez para percibir el papel central, repito: central, que hemos tenido los ufólogos (todos, desde el más famoso hasta el más insignificante) en darle una forma determinada al mito.

**P.** *La Gran Duda.*

**R.** Exacto. Monnerie expresó la Gran Duda: ¿no hemos estado demasiado tiempo siguiendo una quimera, aguijoneados por nuestros deseos? Él no hizo sino dar voz a "lo que estaba en el aire", lo que muchos habían sospechado –o temido– y jamás se atrevieron a decir.

**P.** *¿Qué?*

**R.** Que si el enigma ovni se reducía –invariablemente– a un 5 por ciento de casos inexplicados (no necesariamente inexplicables), los ufólogos actuaban (o actuábamos) como si lo trivial fuera la excepción y no la regla... y siempre recurriendo al expediente de los clásicos.

Da la impresión de que lo primero que permitió la aparición de la HPS fue la capacidad de algunos investigadores de mirar el tinglado ovnístico desde fuera, de detenerse un poco y constatar cuánto de delirio, de absurda búsqueda tenía el asunto. Monnerie fue muy valeroso para plantear sus conclusiones negativas a aquellos que estaban metidos con él, a fondo, en la subcultura ufológica; por así decirlo, hay que tener valor para escandalizar a los compañeros de ruta, a los que compartieron con uno toda la fascinación por el misterio. Y es de lamentarse que tus colegas te miren como un traidor. Por eso, en su libro de 1977 Monnerie disimula los alcances reales de su escepticismo, les pone vaselina, los amortigua con cierta ambivalencia, y deja servido, todavía, un toque de suspenso...

El que cae, por cierto en forma definitiva, con la aparición en 1979 de su segundo y último libro, *Le naufrage des extraterrestres* (2); a partir de ese momento, Monnerie calla: considera que el enigma ya está aclarado y que él no tiene nada más que decir, regresando a sus ocupaciones diversas, especialmente la más anónima de restaurador de obras de arte.

*P. Entonces, al final, tenemos a un Monnerie escéptico.*
R. Un Monnerie escéptico y ex ufólogo.

*P. Pero, ¿cuál es la hipótesis explicativa de Monnerie? ¿Dónde está, para él, la clave de las manifestaciones ovni?*
R. Pues lo hace mediante la curiosa idea del "sueño despierto". El testigo, ante el estímulo ovni, se desliza a esa región alucinante, según los contenidos de su propio inconsciente. En el famoso prefacio a *Le naufrage des extraterrestres*, la cuestión es así definida por Monnerie:

> *"A.- El mito extraterrestre, perfectamente creíble, tecnológicamente posible, forma un cuadro universalmente aceptado.*
> *-Su existencia autoriza a explicar ciertas observaciones que lo modifican en un infernal círculo vicioso.*
> *B.- Una observación describe (casi) siempre una escena a un objeto real, vulgar o extraño, no reconocido, no identificado.*

*-Influido por el mito-ovni el testigo transmite su observación y detalles según su conocimiento consciente o no del fenómeno;*

*-A partir de un cierto nivel de extrañeza, de emoción, de angustia, el observador se desliza en un segundo estado, donde el inconsciente va a ser el maestro que precede a la elaboración de la escena ovni, más o menos alejada de la realidad. Llevado esto al extremo, nos encontramos con las alucinaciones y visiones" (3).*

Esta es la singular postura teórica de Monnerie, la misma que le ha valido tantas críticas, pues le reprochan haberla construido al margen de la psicología.

**P.** *Pero esas críticas le tuvieron sin cuidado, se lo aseguro.*
**R.** Es verdad, pues Monnerie ya intuía que había dado con el núcleo del problema. A partir de ahí, sólo le quedaba relajarse y sentarse a esperar.

## Barthel y Brucker, dos villanos inoportunos

**P.** *¿Cuál es la herencia de Monnerie, el ex ufólogo?*
**R.** *Et si les OVNIS n'existaient pas?* tuvo una repercusión inusitada en los círculos ufológicos franceses y europeos en general. Puso en el tapete a una tendencia nueva: el neoescepticismo psicosocial; de hecho, para que éste se expandiera por la vieja Europa sólo había que esperar un tiempo. Monnerie tal vez equivocó el mecanismo explicativo, pero dio en el clavo en lo demás, a pesar de todo.

Si tuviera que resumir el aporte de Monnerie, diría que fue más allá de las dudas suscitadas por la paraufología, y logró demostrar –en términos puramente racionales– que los ovnis tienen más que ver con nuestras formas de percibir y construir la realidad que con seres venidos de otros mundos.

**P.** *¿Qué pasa una vez que Monnerie baja el telón y desaparece?*
**R.** Habían pasado muchas cosas en la ufología francesa. Uno de los acontecimientos más sonados, fue la aparición –en 1979– del libro *La*

*grande peur martienne* (4), de Barthel y Brucker. Fue el segundo gran golpe recibido por la ufología clásica. Más parcial y, por ello, más insidioso que la obra de Monnerie.

**P.** *¿Eso era posible?*

**R.** Claro. Barthel y Brucker se propusieron desmantelar y desmitificar la famosa oleada francesa de 1954. Todos sabemos que es difícil exagerar la importancia de dicha oleada, pues consolidó el interés de toda una generación, en Europa, por el tema. Hemos aprendido a familiarizarnos con los detalles de esa explosión informativa sobre ovnis, cuando la ufología estaba en su niñez. ¿Quién no recuerda sus casos más espectaculares, como los de Prémanon, Chabeuil, Quaroble y tantos más?

Además, la oleada del 54 tuvo repercusiones teóricas importantes. En ella se basan los estudios de Aimé Michel, que desembocaron en la proposición de las ortotenias (5). Según esta hipótesis, si los avistamientos de ovnis se trasladaban a un mapa, podía verse que ellos se desplazaban siguiendo grandes líneas rectas, lo que parecía revelar la presencia de un elemento inteligente y programado, detrás de la aparentemente irregular y azarosa casuística. El "descubrimiento" de las ortotenias fue, por tanto, recibido con gran entusiasmo por la joven comunidad ufológica y considerado como "evidencia" de primera magnitud. Sin embargo, el paso del tiempo fue revelando las incongruencias de tales "desplazamientos en línea recta", haciéndose más patente la debilidad de la casuística en que las ortotenias se basaban. El propio Aimé Michel terminó renegando de su hipótesis…

**P.** *Volvamos a La grande peur martienne, el gran temor marciano.*

**R.** Barthel y Brucker, entusiastas continuadores de la nueva senda trazada por Monnerie, se dedicaron a reinvestigar la mayoría de los casos de la legendaria oleada, buscando con ahínco explicaciones convencionales a los fenómenos reportados. Y claro, la oleada se volvía tanto más legendaria, cuanto más se profundizaba en las reencuestas.

**P.** *¿Fueron cayendo los ídolos?*

**R.** Por lo menos, cayeron varios, estrepitosamente.

**P.** *¿Y qué pasó con los ufólogos? ¿Tosieron, al menos, con el polvo levantado por tal ruina?*

**R.** Es curioso, pero *La grande peur martienne*, a pesar de su innegable influencia, no tuvo la resonancia bombástica que esperaban sus autores, quizás por el descrédito que rodeó a lo más granado de su metodología. Barthel y Brucker habían exagerado el celo, olvidando que los relatos ovni se configuran sincrónicamente, en contextos muy amplios, por encima de la anécdota individual.

Al respecto, cabe mencionar la lectura crítica que el psicólogo social argentino Rubén "Gurú" Morales, hizo de Barthel y Brucker (6). Según Morales, el dúo escéptico desmantelaba la oleada caso a caso, ofreciendo a veces explicaciones más complicadas, imaginativas y retorcidas, que las propias declaraciones de los testigos sobre presuntos platillos voladores. Además, los autores citados achacaban siempre la mala fe y las incongruencias narrativas a los pobres testigos, descuidando inexcusablemente el papel de la prensa sensacionalista en la construcción de esta oleada. Cedo a la tentación de citar al propio Morales, en una síntesis crítica de la obra que comentamos:

> *"El libro se lee rápido. Después de un complicado caso que ocupa página y media, viene una refutación de cuatro líneas diciendo algo así como 'el testigo era muy afecto a la bebida'. El lector avisado pronto comprende la inutilidad de estudiar con detalle el relato primigenio, y se limita a la lectura de esas cuatro líneas que derrumban la página anterior" (7).*

**P.** *Entonces Barthel y Brucker eran una especie de hijos ilegítimos de Monnerie.*

**R.** En cierto modo. Monnerie profetizó que con *El naufragio...* la ufología francesa llegaba a su fin. Se equivocó, pues sólo comenzaba una nueva forma de hacer ufología: racionalista, escéptica y psicosocial.

## La ufología ortodoxa contraataca

**P.** *Jean Sider, ufólogo francés de corte tradicional, arremetió duramente contra la HPS. A sus partidarios los llamó, irónicamente, los* *"psico-socio". ¿Qué piensa de la valorización crítica de Sider, por lo demás tan representativa?*

**R,** Hay un artículo emblemático de Sider en ese sentido; me refiero a *Los falsos escépticos* (8). Lo analizaré brevemente. Primero, Sider está indignado. Y la indignación es mala consejera. La frase de Aldous Huxley con que da comienzo a su requisitoria ("los hechos no dejan de existir porque se les ignore"), es mucho más aplicable a la ufología clásica que a la HPS. ¡Los hechos! Menudo boomerang. Enseguida vienen las descalificaciones y las ironías; aprendemos que los neoufólogos de la HPS enarbolan un escepticismo espurio:

> *"Ese escepticismo del que se vanaglorian no es más que una triste comedia interpretada por unos histriones, charlatanes de la socio-psicología (...) una forma de esnobismo que no nos engañará, a pesar de que algunos creyeran en semejante espejismo, capricho de erudito que se deshilachará con el paso del tiempo" (9).*

Y un poco antes, nos había advertido que los neoufólogos sólo resucitaron los tópicos de las lamentables "pseudo-comisiones" de la Fuerza Aérea estadounidense:

> *"Piensan que son descubridores de la HPS, pero ¿acaso son capaces de inventar algo original? No estoy seguro de ello. Este asunto no sería más que un plagio complementario" (10).*

El problema de Sider es que no da señales de haber sopesado serenamente las ideas e implicaciones de la HPS. El mal endémico de la mayoría de los ufólogos es la falta de contacto con el mundo de las ciencias sociales.

**P.** *Pero Sider aclara, al comienzo de su trabajo, que tiene amigos partidarios de la HPS y que, en lo sucesivo, sólo se referirá a "los otros", pues sabe que sus amigos son honestos...*

143

**R.** Pero si no nombra a investigador alguno (salvo a Barthel y Brucker). ¿Cómo saber a quién se refiere?

**P.** *Dejemos el conventilleo, y volvamos a los asuntos teóricos, por favor.*
**R.** Es que me gusta el conventilleo... Pero sí, volvamos a lo nuestro. El afán de Sider de restarle novedad a la HPS... busca reducirla a lo conocido, neutralizando o, por lo menos, morigerando sus implicaciones. Por eso, en mi opinión, Sider no refuta lo esencial de la HPS y se entretiene largamente con cuestiones accesorias.

**P.** *¿Por ejemplo?*
**R.** Por ejemplo, la acusación de que los neoufólogos niegan el origen extraterrestre de los ovnis por estrechez mental. Es un cargo injusto, pues la HPS, como ya dije, tiene la característica de haber nacido en el seno mismo de la ufología ("en el ojo del ciclón", como diría John Lilly), promovida por investigadores que representaban a lo mejor y más lúcido del mundo ovnístico. Sin mencionar el hecho de que esa acusación es un lugar común que ya nos resulta intolerable.

También está el tema del "reduccionismo", que en ambientes hispanos ha ventilado el decano de la ufología española, Antonio Ribera. Me refiero a la así llamada "ley Ribera", que, a su modo, defiende también Jean Sider. Tal ley dice más o menos lo siguiente: cada investigador trata de reducir el fenómeno en los términos de su especialidad; así, el sociólogo considerará que se trata de un rumor; el antropólogo, de un mito; el psicólogo junguiano, de una proyección de materiales arquetípicos del Inconsciente Colectivo; el ingeniero aeronáutico, de armas súper-secretas de las grandes potencias; el meteorólogo, de una rara variedad de fenómeno atmosférico; etcétera.

**P.** *¿Usted no comparte la "ley Ribera"?*
**R.** No, porque perpetúa la ilusión de que los ovnis son absolutamente independientes de nuestras categorías culturales. Planteamientos como el de Sider o el de la ley Ribera... más bien escamotean el punto central, que es el que debe ser refutado o confirmado: ¿son los ovnis un gigantesco sueño social moldeado y

alimentado por los ufólogos? Ésta no es una pregunta reduccionista, que pretenda someter los ovnis a un solo enfoque o explicación. Es una postura teórica que plantea la futilidad de las otras explicaciones, lo cual es perfectamente legítimo... ¡Así avanza el conocimiento humano!

*P. ¿Se equivoca Sider?*
**R.** No da en el blanco. Mire, este tema del supuesto reduccionismo me recuerda las polémicas al interior de la criminología, la disciplina que, a lo largo de su historia, de algo más de un siglo, ha buscado dilucidar las causas de la criminalidad. Con el tiempo, la criminología sociológica demostró ser más amplia, explicativa y predictiva que sus rivales. No faltaron las voces, defensoras de un cada vez más endeble multifactorialismo, que pusieron el grito en el cielo, aduciendo que los factores sociales no debían hacernos olvidar las teorías psicológicas y hasta biológicas sobre la criminalidad. El punto es que nadie ignoraba tales factores, pues en realidad se había desarrollado una perspectiva teórica que demostraba la *naturaleza social del problema*, en que las otras categorías no desaparecían, sino quedaban subordinadas en la nueva jerarquización.

Los multifactorialismos son, muchas veces, una renuncia a dar explicaciones reales. Por cierto, las enfermedades graves tienen connotaciones sociales, económicas, psicológicas y, llegado el caso, hasta teológicas, mas nadie negaría que son un problema esencialmente biológico, ¿no es así?

## Desde Scornaux y el fin del "sueño despierto" hasta Lagrange y el fin del "mito de los orígenes"

*P. Quiero quedarme un rato más con el modelo de Monnerie y su "sueño despierto". ¿Qué quiere decir exactamente Monnerie con aquello de que el mito de los extraterrestres es el "mito autorizado" de nuestro tiempo?*
**R.** Se refiere al creciente grado de aceptación social de la idea de la visitación extraterrestre. Al tipo de ensoñación, de hipnosis colectiva que cuenta con el aplauso de la opinión dominante. A nivel masivo, la ecuación "ovnis-extraterrestres" aparece como incuestionable.

Ahora, el "sueño despierto" que postula Monnerie, supone la relajación del testigo, como paso previo a la onírico-lúcida experiencia. Él mismo lo aclara en un pasaje muy pertinente:

> "Sólo conozco una situación en la que los objetos se permiten tantas libertades con las leyes de la física, para transformarse de una cosa a otra, para multiplicarse y complacerse en toda clase de fantasías: el sueño. Con esto significo que 'vemos' siempre el subconsciente, ya se trate de una simple ilusión o de la alucinación más compleja" (11).

Como ya adelanté, el modelo de Monnerie fue vapuleado de inmediato, pero la duda quedó subsistente y muchos fueron los ufólogos que quisieron ponerle a prueba, rescatando lo valioso y desechando lo superfluo. Sabemos que el resultado fue espectacular, tomando en cuenta el nacimiento de la *nouvelle vague* de la ufología francesa.

Uno de los primeros en tomar el desafío fue el investigador belga Jacques Scornaux. Éste, en colaboración con Christiane Piens, publicó uno de los mejores libros de la ufología tradicional escritos hasta su aparición (en 1976): *A la búsqueda de los ovnis* (12). En esta obra –muy lúcida y visionaria– ya queda claro que todos los cimientos de la ufología estaban sustentados en arena movediza. Por ello, cuando Scornaux se encuentra con la obra de Monnerie, no teme enfrentarse con su propia incertidumbre; de hecho, pese a no compartir los detalles del "modelo onírico", Scornaux –ya en 1978– se siente a punto de llegar a un idéntico resultado. Levanta el polvo, después, con su artículo *Et si Michel Monnerie n'avait pas tout à fait tort?*, que podríamos traducir como *¿Y si Michel Monnerie no se hubiese equivocado?* (13).

**P.** *Scornaux, entonces, toma el relevo.*

**R.** Y lo profundiza, lo cual era ya un suceso. Posteriormente, en 1981, presenta estas ideas al público británico en un trabajo que también alcanzaría fama: *Du monnerisme et de son bon usage* (14). Como el propio Scornaux ha confesado posteriormente, en dicho trabajo disimuló –para el todavía algo ingenuo paladar de los ingleses– las conclusiones negativas a las que estaba llegando.

Sin embargo, Scornaux no era un caso aislado. En una dirección similar, investigadores franceses tan importantes como Dominique Caudron, Thierry Pindivic y Claude Maugé, estaban –por la misma época– orientando sus pasos en una dirección esencialmente crítica. Este ultimo comenzó a cuestionar las conclusiones estadísticas a las que pretendía haber llegado Claude Poher, director del GEPAN (entidad ufológica francesa, la primera en el mundo de carácter gubernamental) y uno de los representantes más connotados de la ufología científica mundial. Desde ese cuestionamiento –"histórico"– Maugé llegó a la conclusión de que la ufología, más que una joven disciplina científica, sólo era un sistema de creencias, sostenido, defendido y alimentado por los ufólogos.

**P.** *¿Podemos decir que, ya en los ochenta, la ufología psicosocial era una ufología escéptica?*
**R.** Sin duda. Pero la situación se hace más candente a fines de los años ochenta, en especial con los trabajos de un joven investigador, el ufólogo y sociólogo Pierre Lagrange. Es Lagrange, quizás, uno de los mayores desmitificadores que ha generado la HPS... Recordemos que, en los comienzos de la apasionante historia de los ovnis, Kenneth Arnold vio a nueve extraños objetos desde su avioneta particular. Recordemos también que Arnold no describió a los objetos como "platillos voladores", pues tal mote fue una adaptación periodística, operada por el reportero Bill Bequette. Resulta sospechoso y, sobre todo, muy revelador, que los testigos posteriores a Arnold vieran fundamentalmente "platillos", siguiendo los cauces trazados por los medios masivos de comunicación, lo que demuestra la base cultural y psicosocial del fenómeno. Por cierto, lo que Kottmeyer denominó "el error del platillo"... fue determinante en los cincuenta años de secuela ufológica.

Y bien, Lagrange hace lo que nadie hasta entonces, viajando a Estados Unidos, a Pendleton específicamente, y reconstruyendo paso a paso lo ocurrido entre el 24 y el 26 de junio de 1947 en la vida de Kenneth Arnold (15). Las conclusiones son elocuentes: Arnold no vio "platillos"' y la labor de la prensa fue demasiado crucial en los orígenes del mito de los extraterrestres... llegando en sus astronaves discoidales.

Actualmente, Lagrange ha profundizado sus indagaciones de la "proto-historia" de los ovnis. En su libro *La rumeur de Roswell* (16), demuestra cómo la historia del platillo estrellado en Corona –ése que obsesiona a la ufología estadounidense predominante, en especial a Stanton Friedman– fue construyéndose a partir de una serie de equívocos y errores de interpretación, hasta transformarse –con el paso de las décadas– en un intríngulis tan complicado... que casi parece no tener relación alguna con los relatos originales.

La "obsesión de Roswell" demuestra el infantilismo y la credulidad de un sector vociferante y mayoritario del mundo ovnístico contemporáneo.

**P.** *¿Es que el periodismo ha sido tan importante en la generación de informes ovnísticos o. por lo menos, en la determinación de su contenido?*

**R.** La dupla conformada por los ufólogos y los periodistas ha sido crucial en el desarrollo y proliferación social del fenómeno. Es difícil exagerar la importancia de la prensa en este ámbito. Conviene, llegados aquí, citar al psicólogo social y ufólogo argentino Roberto Banchs. En su libro *Fenómenos aéreos inusuales. Un enfoque biopsicosocial*, enuncia de forma sucinta dos conclusiones que suscribo plenamente. Dice Banchs en su quinta conclusión:

> *"Los medios de comunicación social cumplen una decisiva función intermediadora entre el testigo y el público en general, constituyéndose en la fuente primordial de información en la abrumadora mayoría de los casos. No obstante, el testigo como fuente de datos cualificables e instrumento de medición de un suceso anómalo, no está libre de error; se trataría comúnmente de individuos normales sujetos a distorsiones de la percepción, memoria y expresión"* (17).

## Para una antropología del mito de los ovnis: de Pinvidic a Renard

**P.** *Para que nos entendamos bien: la HPS está basada en el carácter crítico, secular y a-dogmático de las ciencias sociales, lo que significa que* *vuelve innecesarias las hipótesis más complejas y, por lo mismo, más improbables. ¿Podemos distinguir, efectivamente, una sociología de los ovnis... de una antropología de los ovnis?*

**R.** Así se ha llegado a hacer, en efecto. Se ha sostenido que la antropología enfoca al ovni en cuanto "mito moderno" y la sociología en cuanto rumor que se difunde entre el gran público.

Sin embargo, creo que se trata de una diferenciación profundamente arbitraria.

*P. ¿Significa que es arbitraria la distinción entre sociología y antropología?*

**R.** Así lo creo, aunque a algunos les parezca un solemne disparate. Tal diferenciación obedeció a –y se justificó por– razones meramente históricas y de burocracia universitaria. Hoy ya no podría decirse que la "cultura" que estudian los antropólogos sea sustancialmente diversa de la que ocupa a los sociólogos. Naturalmente, la distinción fue necesaria (para que las disciplinas se desarrollaran) y fructífera (a juzgar por los resultados). De hecho, Max Weber no es Malinowski; Erving Goffman no es Evans-Pritchard.

Por tanto, considero que la visión de las ciencias sociales sobre el fenómeno OVNI debe asumir la forma de una "antropología del mito contemporáneo de la visitación extraterrestre". En este enfoque debo mencionar obligatoriamente los trabajos de Thierry Pindivic, Ignacio Cabria y Jean-Bruno Renard.

Pindivic, antropólogo social, es una de las figuras más sobresalientes de la *nouvelle vague* de la ufología francesa. Su primera gran obra se remonta a 1979, *Le noeud gordien ou la fantastique histoire des ovni* (18), en que se hace eco de las ideas de avanzada propias de esa época: la paraufología de Vallée, Jaillat, Vieroudy y las insinuaciones del primer Méheust. Sin embargo, tal vez este libro vio la luz en un momento inoportuno, pues todavía quedaban los remolinos aislados después de la gran tormenta generada por Monnerie.

Con el tiempo, Pinvidic abandonó sus especulaciones paraufológicas y, luego de desafiar abiertamente el modelo del "sueño despierto" de Monnerie, terminó cerrando filas en torno a las consecuencias negativas de esta nueva forma de hacer ufología. Para ello, se dedicó a investigar la difusión de los estereotipos ufológicos en todo el mundo, especialmente en los países "no occidentales". Los resultados fueron sorprendentes: los avistamientos de ovnis y las características atribuidas a los mismos dependían casi exclusivamente del conocimiento previo que los testigos tenían sobre este gran mito del siglo XX. Vale decir, los testigos de los países ufologizados "filtraban" cualquier observación de algún fenómeno celeste... con lo que habían aprendido sobre la presunta visita de inteligencias alienígenas. En cambio, en los países no ufologizados la generación de informes sobre ovnis era bajísima, cercana al cero, debido a la ausencia de la "labor creativa" practicada por los observadores occidentales (19).

Lo anterior ha llevado a diversos científicos sociales en la dirección de una *hipótesis cognitiva* para explicar el papel de los ovnis en la cultura de masas. El antropólogo español Ignacio Cabria, por ejemplo, postula que el mito de la visita extraterrestre es la piedra angular de las informaciones, relatos y noticias que se generan en el mundo ovnístico. De hecho, los extraterrestres cumplen el papel de *lo ajeno*, lo OTRO. Sin embargo, en dicha "otredad" las creencias contemporáneas han proyectado cualidades sobrehumanas de inteligencia preclara, control sobre la materia y dominio sobre las leyes físicas. Los extraterrestres, en este mito contemporáneo, todo lo pueden y todo lo saben; están con nosotros, vigilándonos y guiando nuestros pasos; siguiendo la senda trazada por la astroarqueología, también han sido localizados en nuestros orígenes; en la óptica del contactismo y del mesianismo platillista, nos esperan en el fin de esta Era, en el futuro. Extraterrestres, entonces, en el Alfa y el Omega.

Cabria destaca la singularidad religiosa de tales creencias. Siguiendo al medievalista francés Jacques Le Goff, sostiene Cabria que los extraterrestres conforman nuestro "maravilloso contemporáneo", es decir, una categoría ambigua éticamente (pues incluye tanto la bondad como la maldad, lo celeste como lo diabólico) y, pese a su naturaleza extraordinaria, plenamente incorporada a la cultura que le da cabida y sustento. Por ello, el mito extraterrestre es un mito tecnológico, un epítome de las supuestas posibilidades ilimitadas de la ciencia, una magia futurista... (20)

**P.** *¿En qué consiste la "hipótesis cognitiva" de Ignacio Cabria y, en general, de los que se adhieren a tales posturas?*

**R.** Podemos resumirla así: un testigo ve un objeto difuso e indeterminado en el cielo; al momento de interpretar su visión, tiende a "traducirla" en los términos de la cultura en que se encuentra inmerso. Pues bien, el estereotipo extraterrestre –incansablemente difundido, universalmente aceptado– se presenta ante el observador como la alternativa más viable para hacer "familiar" su experiencia. En nuestra época, a diferencia de lo que ocurría hace 30 años, la gente común cree que somos visitados por extraterrestres y que los platillos voladores son sus fantásticas astronaves. Por consiguiente, la sigla O.V.N.I., que es un simple acrónimo, que nada indica (salvo la existencia de algo sin identificar), que es un mero significante... se reifica, llenándose de significado (21). Entonces, lo no identificado (el O.V.N.I.) pasa a convertirse en un "OVNI", esto es, en algo equivalente a una sonda extraterrestre.

**P.** *No es un término neutral o aséptico, entonces.*

**R.** No, por cierto. Pero volvamos a nuestro testigo involuntario. Éste, por medio de la atribución de significado a un significante difuso, construye activamente la realidad de su observación llegando a percibir a través del estereotipo ufológico que porta en su conciencia. El OVNI es, por lo mismo, un objeto de nuestra cultura. Es un mito en el sentido más puramente antropológico del término...

**P.** *Un mito que cumple una función muy reconocible en la cultura occidental contemporánea.*

**R.** Este tema ya fue tratado por un sociólogo francés de vocación ufológica, Jean-Bruno Renard (22). Éste ha buscado explorar las claves socio-religiosas de la creencia en los ovnis y los extraterrestres, llegando a resultados muy interesantes, sobre los que espero extenderme en un trabajo futuro. Por de pronto, sólo quiero mencionar su brillante análisis de dos películas de Steven Spielberg, *Encuentros cercanos del tercer tipo* y *E.T.*; al respecto, Renard resalta los paralelismos de esos filmes *con determinados aspectos de la imaginería bíblica*, tal como Vallée comparó la creencia contemporáneo en los ovnis con la creencia en los duendes y hadas... y como Bertrand Méheust haría a su vez, parangonando los relatos sobre "abducciones" con historias arcaicas de seres sobrenaturales que raptan seres humanos. En el fenómeno OVNI se dan cita, por tanto, los más ocultos y ancestrales vericuetos de la imaginación humana.

## Jung y los OVNIs

*P. Detengámonos un momento y hablemos de Carl Gustav Jung. ¿Podemos decir que es un precursor de la HPS en el tema de los ovnis?*

**R.** Fue un precursor no sólo de la HPS; también lo fue de ciertas variantes de paraufología y, en general, de todos los enfoques que enfatizan la interpretación simbólica y "holística" del fenómeno OVNI, más allá del rudo fisicalismo de la hipótesis extraterrestre popular.

Todo se inició con un extraño libro publicado por Jung en 1958, *Un mito moderno. Sobre cosas que se ven en el cielo* (23). En esta obra, Jung destaca el ambiente psicológico colectivo que rodeó a las primeras noticias sobre avistamientos de platillos voladores, marcado por la ansiedad y la psicosis de posguerra. Entonces, Jung sostuvo que los OVNIs cumplían el rol de ser una especie de compensación anímica en tiempos enrarecidos...

Por consiguiente, los platillos voladores encontraron su espacio natural en la imaginación colectiva a través del *rumor*. Es decir, el fenómeno OVNI era concebido como una especie de "rumor visionario".

*P. Pero, ¿qué son exactamente los ovnis para Jung?*

**R.** Son proyecciones del Inconsciente Colectivo, visiones arquetípicas. Relaciona la forma de "platillo" con lo circular, en cuando representación de la totalidad; de ahí que compare a los ovnis con la figura del mandala tibetano.

*P. ¿Son materialmente reales?*

**R.** La obra de Jung, en torno al tema genérico de la *realidad material* de los arquetipos, es profundamente ambigua. Jamás queda claro si Jung cree en la existencia física de los portentos que menciona en sus libros. El mismo concepto de "psicoide", clave en posteriores interpretaciones de corte ufológico, es demasiado ambivalente para esclarecernos: se trata de una entidad cuasifísica.

Los mismos arquetipos son presentados como "entes" autónomos, que dirigen "desde fuera" la vida psíquica del ser humano Además, la declaración de Jung de que ciertos hechos mitológicos o religiosos son "psicológicamente reales" no soluciona nada. Por tanto, nunca sabremos –en una lectura atenta– si Jung les atribuía consistencia física a los ovnis, aunque tal disquisición –en el marco de la enigmática obra junguiana– me parece sin esperanzas.

En todo caso, la ambivalencia junguiana permite que de su obra beban no sólo los partidarios de la HPS, sino también los valedores de la paraufología.

*P. ¿Pero el enfoque de Jung ha dado buenos frutos en el mundo ufológico?*

**R.** Sí, y por dos razones importantes. La primera consiste en que su obra permitió mirar más allá del literalismo mecanicista de la ufología ortodoxa . Eso ya fue muy significativo.

En segundo lugar, la idea de los ovnis como proyección de materiales arquetípicos del Inconsciente Colectivo ha sido profundamente orientadora para investigaciones posteriores. Ello, pese a que el constructo ufológico junguiano no llega a convencerme del todo.

*P. ¿Es cierto que hasta el mismísimo Félix Ares de Blas –la figura escéptica más representativa de España– se permitió durante algún tiempo coqueteos con los arquetipos platillistas junguianos?*

**R.** Es parte de un pasado poco conocido de Ares de Blas. Éste, en su etapa *simplemente crítica* (después se convertiría en ufólogo renegado y furibundo escéptico), fue un auténtico pionero en los enfoques psicosociales, cuestión que destaca convenientemente Ignacio Cabria (24), a quien me remito en este punto. Sucede que, a mediados de los setenta, Ares distribuyó un trabajo que no dejó de desconcertar a los ufólogos de la generación precedente (Ribera, Osuna, Danyans, entre otros). La monografía llevaba por título *Nuevas caras para los viejos dioses*, donde no disimula su intuición de que los actuales extraterrestres son el *referente mítico de nuestra cultura*. Después, en un artículo firmado en colaboración con su esposa, María Carmen Garmendia, vuelve a remover la estantería de los viejos ufólogos, al cuestionar la oleada española de 1950:

> *"Parece lógico, por lo tanto, que si los platillos volantes son realmente algo nuevo, algo todavía ajeno a nuestro mundo cultural, la forma en que se perciba sea evolutiva y se vaya adaptando a los contenidos míticos en un proceso de acción recíproca: lo que se dice ver pasa a contenido del mito y esos contenidos admitidos, que ya forman una categoría cultural perceptible, tienden a deformar nuestra percepción"* (25).

Pero la fase "junguiana" de Ares (y Garmendia) alcanza su punto más interesante con *El retorno de un mito*, artículo que se remonta a 1977, donde sostenían que el fenómeno ovni, como mito moderno, servía de catalizador para el resurgimiento y manifestación de mitos ancestrales, una perspectiva más cercana a las especulaciones paraufológicas que a la psicosociología.

## Ufología y ciencia ficción: la identidad inconfesada

**P.** *Recapitulando, la HPS nos dice que "la verdad está acá abajo".*
**R.** Acá abajo, entre nosotros, el fenómeno OVNI como un elemento más de una cultura. Me refiero a que la HPS ha encontrado la historia genuina de los ovnis, no en manuscritos milenarios o en pinturas rupestres del Sahara, sino en elementos concretos y reconocibles de la cultura de masas. Especialmente en la literatura de ciencia ficción.

En 1978, en pleno nacimiento de la *nouvelle vague* en el seno de la ufología francesa, el investigador Bertrand Méheust publicaba *Science-fiction et soucoupes volantes* (26). Este libro constituye un verdadero hito de la literatura ovnística, por cuanto resaltó los increíbles paralelismos entre los diversos escenarios ufológicos posteriores a 1947, con el amplio repertorio de literatura de ciencia ficción de la primera mitad del siglo XX, generalmente de autores poco conocidos en la actualidad. Méheust logró establecer algo más que similitudes casuales: se encontró con una absoluta correspondencia entre ambos órdenes de relatos, al punto de llegar a sugerir una mutua influencia…

**P.** *¿Cómo pueden influirse "mutuamente"?*
**R.** En la época de aparición del libro, Méheust se adscribía –con ciertas reservas– a la paraufología de Vallée y Vieroudy. Por ello, insinúa que la ciencia ficción de las primeras décadas del siglo y los testimonios de experiencias con ovnis, arrancan de un mismo origen, inteligente y autónomo del ser humano, algo así como un asombroso y gigantesco "banco de imágenes", dominado por un ignoto "Agente X".

El estudio magistral de Méheust obtuvo un merecido reconocimiento de diversos sectores de la ufología seria, por su impecable factura y por la originalidad de sus planteamientos. Lo curioso es que esta obra, teñida inicialmente de tintes paraufológicos, pasó a convertirse en una de los clásicos de la HPS, pues establecía correspondencia nítida entre el fenómeno ovni y la cultura.

**P.** *Pero, ¿en qué consistían exactamente los mentados paralelismos?*
**R.** Se manifiestan tanto en aspectos generales como en detalles (sí: ¡detalles!) insignificantes de los relatos ovnísticos contemporáneos: las formas de las supuestas astronaves, el rayo paralizante, la estructura del interior de los platillos, los humanoides, etcétera… Detalles idénticos, por todas partes, caso por caso, desde la famosa "nave aérea" de 1896-97 en los Estados Unidos (igual a una que aparecía en una novela de Julio Verne de 1886, *Robur el conquistador*) hasta los clásicos de la *Flying Saucer Review*. El resultado de la investigación de Méheust es estremecedor…

Ante esta extraña acumulación de evidencias, el propio Méheust se había planteado tres explicaciones posibles:

1. Que los actuales testigos de ovnis conocían los relatos de ciencia ficción que mencionamos, inspirándose en ellos para elaborar la estructura de sus propios testimonios.

Empero, esta hipótesis adolece de varias fallas:
-No es posible que todos los testigos actuales de experiencias con ovnis hayan sido consumidores activos de ciencia ficción.

-Incluso un lector culto y con buen poder adquisitivo, encontraría casi imposible acceder –hoy en día– a los relatos de ficción científica que Méheust incluye en su libro, ya que fueron firmados por autores poco conocidos y, para peor, en el período europeo de entreguerras... Menuda tarea para tan voraces lectores.

2. Que los antiguos autores de ciencia ficción tuvieron experiencias con OVNIs; en tal caso, no habrían podido contar abiertamente tales vivencias –por razones inherentes al marco sociocultural en que se desenvolvían–, limitándose a comunicarlas crípticamente, a través de sus historias de aparente ficción.

Esta explicación es aún más inverosímil que la anterior, pues convierte a una legión de escritores en testigos de las apariciones de ovnis, sin que podamos entender por qué estos sólo preferían a desconocidos plumarios de un poco prestigiado género literario (¿puede haber algo más específico?). Y tampoco es entendible que todos los escritores afectados se hayan decidido monolíticamente por el silencio.

3. Que tales autores conscientemente escribían ficción, sin comprender que sólo intuían los acontecimientos ufológicos del porvenir. Del "banco de imágenes", pues, les llegaban las primicias de la saga de los ovnis, con lo que volvemos a la doble alternativa: o existe un "Agente X" que suscita un determinado tipo de imaginería en el ser humano; o bien éste sólo puede imaginar según parámetros más estructurados de lo que jamás habíamos creído.

Que el lector elija la alternativa que más le guste.

# NOTAS

(1)     Les Humanoïdes Associés, París.

(2)     Nouvelles Editions Rationalistes.

(3)     Prefacio a *Le naufrage...* cit.

(4)     Nouvelles Editions Rationalistes, París.

(5)     Ver *Los misteriosos platillos volantes*, Pomaire, Barcelona, 1963.

(6)     Comentarios en torno a *La grande peur martienne*, Buenos Aires, Archivo CIU, 1988

(7)     Cit. por Agostinelli: "La hipótesis psico-sociológica y la última cruzada de los contradictores del mito", en *Cuadernos de Ufología*, Nro. 6, Santander, 1989, p. 56.

(8)     En *Cuadernos de Ufología*, Nro. 2, 1988, pps. 86-91.

(9)     Op. cit., p. 91.

(10)    Op. cit., p. 90.

(11)    Op. cit.

(12)    Marabout, Bruselas.

(13)    En *Lumières dans la nuit*, Nro. 177-178, París, 1978.

(14)    En INFO-OVNI, Nro. 7/7, Montlucon, 1981.

(15)    Ver *Cuadernos de Ufología*, Nro. 8, Santander, 1990, pps. 9 a 20.

(16)    Editions La Découverte, París, 1996.

(17)    LEUKA, Buenos Aires, 1994, p. 132.

(18)    Éditions France-Empire, París, 1979.

(19)    "Connaisance des motifs de l'imaginerie soucoupique dans les populations rurales de L'Est Algerien; contribution a l'etude de la dispersión du stereotipe", en *Acta del "Lyon OVNI Congress"*, Ed. F.F.U., 1983.

(20)    Cabria: "El mito de la venida de los extraterrestres: génesis y estructura", en *Cuadernos de Ufología*, Nro. 11, Santander, 1991.

(21)    Cabria: *Entre ufólogos, creyentes y contactados*, Santander, 1993, p. 207.

(22)    Renard: *Les extraterrestres. Une nouvelle croyance religieuse?*, Cerf/Fides (Bref), 1988.

(23)    Editorial Sur, Buenos Aires, 1961. Hay al menos otras seis ediciones.

(24)    Op. cit., p. 112.

(25)    "Reflexiones en torno a las observaciones de OVNIs en 1950", en revista *Stendek*, Nro. 27, 1977.

(26)    Mercure de France, París.

# CAPÍTULO VIII
## La "ufología racional":
## un avatar de paraufología revisitada

*Nada es lo que parece... y lo que parece tampoco es.*
**Juan José Acevedo**

## El mágico Uritorco

Con ustedes, el ufólogo argentino Diego Rodolfo Viegas:

*"El 10 de enero de 1986 fue descubierto en la ladera de la sierra 'El Pajarillo' (cerca del cerro Uritorco, Capilla del Monte, Córdoba) una enorme huella elipsoidal de pastos quemados de 115 por 57 metros de diámetro. La noche anterior, dos testigos dijeron observar las evoluciones de una curiosa luminosidad rojiza por los alrededores.*

*Ese hecho, más el reconocimiento oficial por parte de las autoridades municipales, de que allí sin dudas había aterrizado un OVNI, bastó para transformar la ciudad en una reserva de la Nueva Era, donde los turistas van a contactarse con pilotos galácticos, gnomos, ángeles y chamanes" (1).*

Una marca en el terreno y una fenomenología que se dispara. El proceso adquirió una fuerza propia, impresionante, y la tranquila localidad de Capilla del Monte se vio convertida, a su pesar, en un "santuario extraterrestre". Rubén "Gurú" Morales y Alejandro Agostinelli han señalado que tales santuarios, para ser considerados tales, deben cumplir con seis características relevantes, a saber.

1. Una geología especial.
2. Una tradición arcaica que nos remite a "lugares de poder".
3. Existencia de antiguos asentamientos humanos.
4. Locaciones donde acontecerían, según el rumor popular, sucesos extraordinarios o paranormales (incluyendo a los ovnis, claro está).
5. Lugares favoritos de los practicantes de meditación y similares.
6. Lugares favoritos de los "contactados".

En algún momento, los lugareños se sorprendieron al ver al psicólogo Juan José Acevedo –no sé si montando en burro o caballo– deambulando por las serranías de Capilla del Monte. Acevedo se había convertido en un "capillólogo" de pleno derecho. Si hasta llegaron a tomarle por un arriero más, tan mimetizado estaba, recorriendo incansablemente los legendarios "sitios de poder". Lo movían su afán de registrar, in situ, el desarrollo de un mito contemporáneo, desplegado ante sus propios ojos. Una oportunidad única, irrepetible. Un sociólogo de la primera mitad del siglo XX, W. I. Thomas, planteó el teorema que lleva su nombre: "si el hombre define situaciones como reales, éstas son reales en sus consecuencias". Desde el punto de vista de los peregrinos que comenzaron a llegar en masa a Capilla del Monte, la veracidad del relato del ovni y la correspondiente marca en el suelo, ya no tenía mayor importancia. Sólo contaban las consecuencias... Y, como siempre ocurre en estos casos, pronto se llegó a niveles especulativos chocantes. El folklore capillista (y platillista) comenzó a desatarse sin ambages. La gente hablaba de Erks, un reino secreto y subterráneo, sito bajo las serranías y sus hieráticos macizos. Erks, la ciudad fantasma, hogar de los "iniciados" del Cono Sur, iluminando los cerros en las noches, provocando ruidos que escuchan los peregrinos más entusiastas y crédulos. Erks, el lugar inaccesible que impulsa Trigueirinho (el célebre contactado y ocultista brasileño) a escribir su libro *Erks, el mundo interno.*

Por si fuera poco, seguían pasando cosas extrañas: alguien creía haber visto a un espíritu de los antiguos indígenas que habitaban en las inmediaciones del Uritorco; otro, aún con los pelos de punta, alegaba haber contemplado un duende; y, por supuesto, no faltaban los testimonios sobre apariciones de ovnis y hasta de los mismísimos extraterrestres. Detrás de este caos, de esta ensalada rusa esotérica, simbólica y arquetípica –reflexionaba Acevedo, no sé si montado en burro o caballo– debía existir una energía unitaria, un agente disparador de las creencias humanas...

Viegas y Acevedo eran dos de los integrantes del CIFO (Círculo de Investigadores del Fenómeno Ovni) de Rosario, Argentina. El CIFO, a su vez, publicaba la revista "Ufología Racional", que definió la posición ideológica del grupo, también integrado por Néstor Berlanda, Claudio Scarcella, Luis Pacheco, Oscar Alemanno, Andrés Torres y Juan Marcelo Encalada, entre otros. Sus intentos por ir más allá de los tópicos repetidos de la ufología clásica, así como su convicción sobre la existencia de un fenómeno ovni original extraordinario, detrás de la parafernalia psicosocial que lo envuelve y rodea, han sido los sellos característicos de la actividad teórica y analítica del CIFO. Si se trata de denominar tendencias, los del CIFO han motejado a la suya como "ufología racional". A continuación ofreceré un breve recorrido por algunas de las ideas principales de estos ufólogos de nuevo cuño.

## ¿Qué estudian los ufólogos?

Con el paso del tiempo, sobre todo cuando la ufología más fisicalista comenzó a estrellarse una y otra vez con sus limitaciones fundacionales, los ufólogos comprendieron que NO estudiaban OVNIs sino simples testimonios humanos, siempre falibles y, por definición, subjetivos. Es la paradoja que Oscar Alemanno definió acertadamente con el título de uno de sus trabajos: "La ufología del testimonio" (2). El CIFO ha buscado superar esta aparente antinomia con una nueva terminología; en efecto, en lugar de hablar siempre de "OVNIs", es frecuente que usen la expresión "EVIs" (Estímulos Visuales Indeterminados). La expresión EVI es un tributo, por tanto, a la radical indeterminación de esta fenomenología, la que sólo nos resulta lejanamente accesible por meros relatos desordenados y pletóricos de emociones intensas. El estímulo es indeterminado por su propia naturaleza; más aún, como afirma Viegas, "el estímulo está condenado a la indeterminación".

Por consiguiente, cuando una persona declara ver un OVNI, puede estar en muchos casos observando un fenómeno luminoso que no sea reductible a ninguna categoría conocida por el ser humano, con su capacidad perceptiva ordinaria. El observador creyente "traducirá" su experiencia en términos que le sean culturalmente familiares... diciendo que vio un platillo volador con ventanillas, tren de aterrizaje y marcianos que hasta le hacían señas, despidiéndose. A su vez, el refutador profesional tomará al pie de la letra el testimonio y, como le parece flagrantemente absurdo, dirá que toda la confusión fue causada por el simple planeta Venus, especialmente luminoso en la noche del incidente. Y asunto cerrado. El CIFO ve en este contencioso interminable entre creyentes y escépticos, un diálogo de sordos, un camino tortuoso, que sólo conducirá a una polarización obtusa y no a un debate racional fructífero. El "explicacionismo" –que es como llaman al escepticismo a ultranza– desecharía la globalidad de la experiencia OVNI y su repercusión concreta en el ser humano, más allá de la base física del acontecimiento.

Si bien la "ufología racional" del CIFO se descuelga completamente del sensacionalismo y la charlatanería imperantes, toma cierta distancia –por razones epistemológicas– de las conclusiones negativas a que ha llegado el sector más escéptico de los ufólogos, pues considera que desconoce la indeterminación radical del fenómeno que desencadena el testimonio OVNI (reduciéndolo apresuradamente a categorías conocidas). Por eso pueden considerarse "más allá del escepticismo y la credulidad", en una posición equidistante –y no siempre muy cómoda– entre ambas formas de construir la ufología.

## La hipótesis "THAT"

Es la imagen inspirada en una novela de Stephen King, cuya sugestivo título es *It* ("Esto"). Recuérdese que la estrella de esta novela es un payaso de características e impronta sobrenaturales, que gusta de aparecer ante los testigos... según los terrores más recónditos que estos guardan en su interior: un pavor impersonal que se va adaptando a los secretos delirios de cada individuo, adoptando precisamente la imagen que los mismos esperan ver. Acevedo ha tomado esta idea para formular su propia explicación del fenómeno ovni, contraponiendo al *It* de King un factor distinto: "That", es decir, "aquello", lo innombrable, lo indefinible, lo abstracto. Acevedo es claro en cuanto al alcance de su especulación:

> *"Yo planteo la posibilidad de que existe un fenómeno diferente, en el que nunca habíamos pensado, pero que no es ni preternatural, ni supranatural, ni de otra dimensión. Es una singularidad total y absolutamente natural a la que, por la fuerza de lo obvio, nunca le habíamos prestado atención"*
> *(3).*

"Aquello", más que una realidad física, es un hecho informacional medible por sus efectos. Nos resulta abordable sólo si seguimos sus huellas por el entramado psicosocial, el cual recorre impune y vertiginosamente, como si de una etérea y gigantesca araña se tratase. "That" resulta accesible por lo que Acevedo llama el "efecto de significación"; más que en los hechos, debemos concentrarnos en el significado de los hechos. Volviendo al cerro Uritorco y Capilla del Monte, Acevedo considera que si se demostrara que la famosa huella fue un mero fraude que fue realizada por bromistas que querían divertirse a cuenta de contactados y ufólogos, o por lugareños que deseaban fomentar el turismo y lucrar con los peregrinos, tal demostración no cambiaría en nada los efectos de la historia originaria. Todo seguiría igual. Por ello, no descarta que el estímulo extraordinario subyacente al fenómeno OVNI pueda valerse hasta de informaciones falsas para generar un "efecto de significación" determinado.

Para Acevedo "That" exhibe cuatro características esenciales (algunas ya fueron adelantadas por autores como Keel y Vallée), a saber:

**1) Es mimético**. El fenómeno se funde con el entorno, adaptándose a las cualidades tanto geográficas como históricas del mismo. De ahí que resulte difícil aislarlo de ese entorno –para efectos de análisis– sin provocar su disolución en algo distinto.

**2) Es simbiótico**. Es frecuente que los ovnis se mezclen con creencias y tradiciones populares, en un curioso proceso de retroalimentación.

**3) Es polimorfo**. El fenómeno adquiere diversas formas y caras en sus enigmáticas manifestaciones. Al respecto, cabe recordar lo dicho acerca de la famosa "nave aérea" de 1896-97, los aviones fantasma, los bólidos de Escandinavia, las fabulosas visiones de prodigios celestiales a lo largo de la Historia...

**4) Es transhistórico**. El fenómeno atraviesa las épocas, las razas, las culturas, mostrando una inquietante universalidad.

¿Por qué "THAT" nos parece tan inaccesible? ¿Por qué parece jugar a las escondidas con el ser humano? Acevedo responde:

> *"No digo que ahí (en Capilla del Monte) pueda haber algo que se esté ocultando. Simplemente –concluyo– creo que somos incapaces de hacer una lectura adecuada de la manifestación de aquello que –a falta de nombre– me pareció bien llamar THAT" (4).*

## Los ovnis onírico-cuánticos

Es evidente que los ovnis, desde 1947 en más, han ido cambiando su apariencia y estructura, por lo menos a nivel de los inciertos testimonios humanos. En los años cincuenta los platillos voladores eran bastante compactos, "remachados" como lo indica Viegas (5); por ejemplo, mi buen amigo Arturo Dufey, ufólogo de idéntica tesitura, establecía unos curiosos paralelismos entre los platillos voladores "de los orígenes" con los automóviles de la época, especialmente en su diseño, terminaciones, etcétera (6). Pero los ovnis de hoy en día son tan ambiguos que alguien los llamó "ovnis posmodernos"; ingenios luminosos, plasmoides, proteicos inclusive, parecen ser la regla en estos agitados años de transición milenaria. Por ello puede Viegas decir:

> *"Después de todo, parece lógico que, luego de Heisenberg, Bohm y Hawking, los términos ovnilógicos comiencen a inspirarse en la física cuántica. Y también que en la era de la introspección, la búsqueda del yo interno y el individualismo, sean estudiados los OVNIs por psicólogos y sociólogos. Además, ya no se los imagina de metal y remachados, como en los comienzos, sino luminosos, sin bordes definidos, casi espirituales. En vísperas del siglo XXI pasaron a ser onírico-cuánticos" (7).*

Este un punto clave para acercarnos a la propuesta teórica de la ufología racional. Recordemos que, según esta corriente, el estímulo que se encuentra en la génesis de un avistamiento está condenado a la indeterminación. A su vez, ya sea que un conjunto de informes ovnísticos se genere por meras confusiones con objetos triviales, fraudes, etcétera, o que realmente obedezca a la irrupción de un fenómeno extraordinario y desconocido, el elemento central será siempre el efecto de significación de los hechos denunciados, independientemente de su realidad o falsedad. Entonces, la perspectiva cierta de que el acto de percepción constituye una actividad que recae a su vez en lo observado, alterándolo en alguna medida, nos permite especular sobre un proceso similar en las observaciones de ovnis.

Recordemos que Werner Heisenberg, con su postulación del llamado principio de incertidumbre, insistía en la idea de que la observación absolutamente objetiva, la percepción cartesiana, libre de prejuicios, pura y prístina, es una aspiración filosófica del siglo XVII, ingenua e improbable. Lo que observamos –según Heisenberg– no es la naturaleza misma, sino la naturaleza expuesta a nuestros métodos de observación, a nuestros filtros. El psiquiatra Néstor Berlanda, también ufólogo "racional", ha parafraseado el planteo anterior: Lo que nosotros observamos no es un OVNI, sino la manifestación de algo desconocido, expuesto a nuestros métodos de interrogación (8).

165

# De la ufología romántica a la ufología racional

El cúmulo del ideario ufológico ha evolucionado considerablemente desde la época de Kenneth Arnold y los primeros libros del mayor Donald E. Keyhoe... hasta la oleada contemporánea de noticias de ovnis (con "visitantes de dormitorio" incluidos). Asimismo, la propia ufología ha ido modificando sus convicciones y creencias al galope de las décadas. Algunos investigadores del CIFO –Diego Viegas y Luis Pacheco, especialmente– han pretendido caracterizar las diferentes corrientes en materia ufológica, distinguiendo las siguientes orientaciones básicas (9):

### 1. La ufología "romántica" o "ingenua"
Es el tipo de ufología nacida y desarrollada según los mitos fundacionales de la ufología joven, para la cual los platillos voladores eran astronaves que procedían del espacio exterior, preferentemente de Marte. Cabe recordar que el "planeta rojo" estuvo siempre en el centro de las especulaciones sobre las posibilidades de vida en otros mundos (para lo cual tuvieron una enorme importancia las "canalizaciones" de Hellen Smith, los "descubrimientos" de Schiaparelli y Percival Lovell, la peculiar cosmosofía de Camilo Flammarion y hasta el genio literario de H. G. Wells). El estereotipo de los marcianos, unido a los temores de posguerra, promovieron la interpretación popular de los avistamientos, como la manifestación de una inteligencia foránea que nos vigila y que, llegado el caso, puede desatar la invasión sobre nuestro mundo.

La ufología romántica, desde sus vacilantes primeros pasos, se expresó en los términos de estas intuiciones originarias y, en alguna medida, éstas han determinado el núcleo de sus posiciones teóricas. En la práctica, la ufología ingenua ha ignorado (cuando no despreciado) la objetividad de la investigación científica y ha expandido por el orbe, más que el escrutinio ponderado de las afirmaciones ovnísticas, la credulidad literal e incuestionada de ellas.

### 2. La ufología científica
En este rubro, la U.R. incluye tanto a lo que nosotros hemos denominado la "ufología científica ortodoxa" como a lo que proviene del ámbito de la hipótesis psicosociológica. Lo distintivo, por tanto, de este

enfoque es su racionalismo y la creencia, con todos los matices del caso, en la objetividad del conocimiento científico o, cuando menos, en el origen humano de toda la fenomenología OVNI.

### 3. La ufología "racional"

Esta corriente, que ha sido definida como tal por el CIFO rosarino, pretende romper con los esquemas de pensamiento de las anteriores corrientes. Una de sus vigas maestras consiste en la definición misma que ofrece del fenómeno OVNI. Néstor Berlanda ha definido adecuadamente esta perspectiva:

> *"El fenómeno OVNI como hecho aislado e independiente del testigo es una abstracción, algo de lo que NUNCA podremos saber su naturaleza última, siendo sus propiedades definibles y observables sólo a través de su interacción con la mente humana" (10).*

## "Ir hacia el fenómeno"...

Lo anterior nos lleva a considerar al testigo de una aparición ovnística... ya no como un observador casual, sino como una parte esencial del proceso de construcción de la experiencia OVNI. Por consiguiente, tal experiencia dependería, según Berlanda, de dos factores claves:

**(a)** De la cultura que prepara el marco en que se va a desarrollar, y
**(b)** de la medición de la manifestación OVNI, operada por el propio testigo.

Si es el propio ser humano el "aparato de medición", quizás pudiéramos acceder a la fuente ignota del estímulo que subyace a las apariciones de ovnis (y tal vez, de otros fenómenos anómalos) y obligarle a reaccionar. Abandonaríamos nuestro rol pasivo de espectadores, tomando la iniciativa. ¿Y quién sabe si nos encontramos con una asombrosa dimensión creadora de nosotros mismos?

## "Ufología racional": elogio y crítica

La propuesta teórica del CIFO, si bien originalísima en muchos aspectos, no surge del vacío. Diría que se inscribe en el marco de una paraufología revisada, orientada hacia una suerte de hermenéutica de la experiencia OVNI. Por ello, la ufología racional (U.R.) puede vincularse a autores de otras latitudes y lenguas: Dennis Stillings, Keith Thompson, Peter Rojcewicz, Michael Grosso, Carl Rashke, por dar algunos de los nombres más conocidos.

La U.R. ha buscado aparecer, desde su presentación en sociedad, como una "tercera fuerza" al interior de la propia ufología, que le permitiera trascender las limitaciones impuestas por los dos bandos en pugna que le han precedido: el escepticismo a ultranza y la credulidad literal e ilimitada. Para constituirse en una alternativa válida, la U.R. postula que el debate tradicional sobre la existencia o inexistencia de los ovnis ya no nos conduce sino a la esterilidad, pues los ovnis son algo más que aparatos físicos; por el contrario, si se me exigiera una definición de qué son realmente los ovnis para la U.R., diría que se trata de fantasmas ontológicos, que vienen de lo desconocido, y que, siendo en gran medida inefables, los testigos sólo pueden describirlos aproximadamente, según los estereotipos que portan en su psiquismo al momento de convertirse en involuntarios testigos.

Ahora bien, la ambigüedad de estos enfoques ha puesto a la corriente que comentamos en el centro de diversas y –a veces– justificadas críticas. Uno de los ufólogos más respetables de Argentina y Latinoamérica, Alejandro Agostinelli, ha polemizado fraternalmente con U.R., desde una óptica psicosociológica (11). Si le he entendido bien, Agostinelli reprocha al CIFO lo siguiente:

(a) Su "heterodoxia" es más aparente que real.

La U.R. no habría sido capaz de romper efectivamente con los grandes mitos de la ufología clásica y ortodoxa. Y ello porque no estaría en condiciones de dar el paso decisivo en dirección del escepticismo, como sí lo hizo la hipótesis psicosocial. Por el contrario, la U.R. continuaría encerrada en su inalterable –y cuasi-sagrada– creencia en un fenómeno OVNI originario, encapsulada en la ilusión del residuo de los "casos inexplicables". Agostinelli respeta profundamente las ideas del CIFO, especialmente las de Acevedo, pero cree que han devenido en una reedición de cosas que habían sido dichas insistentemente en los años setenta por autores como Keel, Vallée o Vieroudy.

(b) Ha tendido a reificar el pensamiento ufológico, "sobreclasificando" sus principales tendencias.

Al encasillar cada nuevo libro o autor dentro de las categorías preexistentes de ufología "ingenua", "científica" o "racional", la U.R. estaría excediendo un sano ejercicio clasificatorio, para desembocar en una simplificación excesiva de la realidad. Es el inconveniente principal de esta desmesurada taxonomización de lo dado.

En definitiva, la gran pregunta que subyace la crítica de Agostinelli es si la U.R. aportará elementos genuinamente nuevos a la discusión ufológica… o si se transformará sólo en un mero entretenimiento intelectual, en que los OVNIs constituirán una mera excusa para hablar de epistemología, teoría de sistemas, psicología transpersonal o la emergencia de nuevas religiones.

¿Mi opinión sobre este tema? Pues considero que la U.R. ha planteado, desde la marginalidad del quehacer ufológico latinoamericano, un interesante desafío a un conjunto de ideas cómodamente aceptadas y establecidas, hasta por los sectores más racionalistas del estamento ufológico. Es posible que la U.R. se equivoque y sólo esté creando una nueva mitología… al interior de otra mitología. No obstante, vale la pena considerar la posibilidad de que el edificio ovnístico sólo sea una manifestación críptica de algo inmenso que, por su vastedad y carácter intrincado, no podemos medir sino en los tenues rastros que vamos descubriendo, como las patas de la gigantesca araña a que aludía Acevedo, dejando sus huellas en el entramado psicosocial, lo que dista de agotar el fenómeno en sí.

Por lo mismo, considero válida la pregunta que llegó a formularse Oscar Alemanno, parafraseando a Michel Monnerie: "¿Y si, aparte de no existir, fueran los OVNIs algo completamente distinto?". Como lo adelantó Maugé, la respuesta puede ser francamente decepcionante, pero ¿no falta mucho todavía como para que podamos adelantar una conclusión? Es la sensación que me ha embargado después de entrevistar a innumerables testigos de ovnis; nunca han logrado convencerme de que tuvieron un encuentro con extraterrestres, pero me han dejado la sensación de que sí –en contados casos– se han enfrentado a un fenómeno extraordinario, transubjetivo, así sea meramente psicológico...

¿Y qué debemos entender, en un universo como el que habitamos, por algo "meramente psicológico"? *That is the question.*

# NOTAS

(1)    Viegas: "El retorno de los paraísos perdidos", en *Ufología Racional*, Nro. 5, CIFO, Rosario, 1998, p. 10.

(2)    *Actas del Congreso de Ovnilogía CIOM-RAO*, Mar del Plata, mayo de 1993.

(3)    Cit. por Agostinelli: "Los ufólogos del siglo XXI", en revista *Contacto OVNI*, Nro. 14, México, 1996, p. 10.

(4)    Ídem.

(5)    Ver "De los platos voladores remachados a los ovnis cuánticos", en *Contacto OVNI*, Nro. 16, México, 1996, pps. 25-32.

(6)    Una aclaración para el lector inquieto: Para los que –con razón– tengan la imagen de *Contacto OVNI* como una revista sensacionalista y poco seria, hay que decir que, en su primera época, estuvo "infiltrada" por ufólogos racionalistas como Héctor Escobar, Óscar García y Luis Ruiz Noguez, entre otros, quienes incluyeron los artículos rescatables de esa "época dorada".

(7)    Op. cit., p. 32.

(8)    Berlanda: "La nueva ufología", en *Contacto OVNI*, Nro. 18, México, 1996, pps. 13-20.

(9)    Ver Luis Pacheco: "Una crítica racional hacia la ufología romántica". *Actas del Congreso de Ufología CIOM-RAO*, Mar del Plata, mayo de 1993.

(10)   Berlanda, cit., p. 16.

(11)   Ver *Ufología Racional*, números 2 y 3.

# CAPÍTULO IX
## Abducciones: el folklore subterráneo de nuestro tiempo

*¡Yo creo que estoy llena de luz!*
**Betty Hill**

## Los secuestradores cósmicos

El tema de las abducciones (vale decir, de ciertos secuestros de seres humanos por parte de hipotéticos extraterrestres) fue bastante marginal en los primeros años de la ufología, tal como ocurrió con los casos de encuentros con humanoides. No obstante, las abducciones han ido cobrando tal importancia, que juegan un papel central en todo el tinglado ovnístico contemporáneo. Por cierto, en los Estados Unidos se han convertido en una suerte de delirio colectivo, con una legión de denuncias y testimonios, y una proliferación abrumadora de libros, revistas y clubes de ayuda a secuestrados, sin perjuicio de la progresiva mezcla con temas provenientes de la cultura New Age, el ocultismo y, cómo no, de las realidades virtuales y los espacios cibernéticos. A su vez, en el campo ufológico y extraufológico, aumenta la influencia de los directores de orquesta más conocidos de la cultura abduccionista: Budd Hopkins, John Mack, John Carpenter, Gilda Moura, por citar algunos.

*P. ¿Qué opinión le merecen las llamadas "abducciones"?*
**R.** Debo aclarar desde un principio mi posición, para evitar malos entendidos. Por tanto, diré que *no creo en las abducciones en forma literal*, vale decir, como si se tratase de seres de otro mundo que secuestran terrícolas para experimentación médica, genética o lo que sea. Sin embargo, el papel preponderante que estos relatos han adquirido en el marco global de la fenomenología ovni, me parece sumamente prometedor. Gracias a las abducciones, la naturaleza simbólica y arquetípica de los ovnis se hace más evidente. Pero, por ahora, mencionaré algunos aspectos que deben ser destacados:

*En cuanto a la realidad material de lo que nos dicen los relatos*, cabe señalar que la evidencia presentada es puramente anecdótica: las marcas en el cuerpo, los implantes, nada que soporte un análisis serio.

*En cuanto a la ideología abduccionista*: aquí se han dado cita los aspectos más bizarros de la subcultura ufológica, especialmente la de impronta estadounidense. Destaca, por sobre otras perlas, la increíble afirmación de que los alienígenas estarían creando una raza híbrida entre "ellos" y nosotros.

*En cuanto a los ideólogos del abduccionismo*: no entiendo cómo pueden haberse sumergido tanto en el submundo de marras, llegando a perder cualquier asomo de autocrítica. Es sencillamente asombroso ver a Hopkins, a Jacobs y los demás, sin una pizca de duda, sin una sola vacilación. Todo claro, sin concesiones a un saludable escepticismo. Yo mismo quisiera estar tan convencido de algo, de cualquier cosa, en este bazar posmoderno.

*En cuanto a la "construcción" de los escenarios de abducción*:

-El abuso de la hipnosis. ¿Cuántos testimonios han sido manipulados y hasta inventados por la acción oportuna de los investigadores?

-El prejuicio pro-ET de los grandes popes de la cultura abduccionista.
-La influencia decisiva de los mass media en la explosión y fiebre de las abducciones.

En este marco, entiendo perfectamente la actitud de Philip Klass (1), en orden a denunciar el peligroso juego que las abducciones están implicando para un sector minoritario –aunque nada insignificante– de la sociedad estadounidense. En muchos casos de abducciones parece haber psicopatologías desatadas, más que inteligencias alienígenas de allende el sistema solar.

*P. Me gustaría que hiciéramos un abordaje histórico del tema, para llegar luego a las tentativas de interpretación y a las principales hipótesis formuladas.*
R. De acuerdo. Para ello, me basaré en la periodización que hace el gran Bertrand Méheust. No lo hago responsable a él, sin embargo, de mis comentarios y conclusiones, como tampoco de los resúmenes de casos representativos que incluiré para una, digamos, mayor amenidad en la exposición.
Siguiendo a Méheust (2), dividiremos la historia de las abducciones en los siguientes tramos:

### 1. Los años de incubación (1947 a 1966)
Es el período en que el fenómeno ovni adquiere carta de naturaleza en la cultura contemporánea. La ufología, esa actividad tan extraña, toma a los platillos voladores como su objetivo, postulando el origen extraterrestre de los mismos. Durante esta etapa, las abducciones no representan ningún papel central en el mundo ufológico; de hecho, los investigadores más serios tendían a descartar de inmediato estos relatos, por considerarlos delirantes y fantasiosos, si es que no abiertamente fraudulentos.
Dos famosos casos de este período, con todas las reservas sobre su veracidad, nos permitirán dimensionar la importancia de ciertos aspectos y detalles, repetidos en relatos posteriores.

# El súcubo que vino de las estrellas

El caso acaeció en octubre de 1957, en Minas Gerais, Brasil, siendo protagonizado por el ya célebre Antonio Villas Boas. Éste se encontraba labrando el campo, en plena noche, cuando fue conducido a viva fuerza, al interior de un ovni aterrizado poco antes, por unos seres pequeños y de aspecto humanoide, con escafandras. Una vez dentro, los seres llevaron a Villas Boas a través de distintas habitaciones, le desnudaron, le rociaron con un líquido a medias entre la gelatina y el engrudo y le extrajeron sangre. Luego le dejaron solo en un cuarto pequeño. Al cabo de una hora, apareció en la habitación una agradable visita: ¡una mujer alienígena! ¡Y completamente desnuda! Tenía el cabello rubio, la tez clara, y los ojos muy oblicuos ("achinados") aunque de un azul intenso y una boca pequeña (aquellos oblicuos ojos me recuerdan a las huríes del Paraíso popular islámico). La descripción de Villas Boas: "Su cuerpo era el más hermoso que había visto en mi vida. Era esbelta y sus pechos se mantenían erguidos y bien separados. Su cintura era estrecha, el vientre plano, las caderas bien desarrolladas, los muslos robustos"(3).

*P. Un auténtico súcubo... ¡Continúe, por favor!*
**R.** Lo que ocurrió después ha sido humorísticamente llamado por Antonio Ribera el "polvo cósmico". La mujer avanzó hacia Villas Boas, frotando su cara y cuerpo contra él. El efecto fue inmediato, si es que usted me entiende. "Se amaron", por decirlo eufemísticamente, con tropicales y terrestres pasiones. Ella nunca le dio besos y jamás dijo una sola palabra; sólo emitía gruñidos y algo así como unos curiosos ladridos. Después de una necesaria tregua, la mujer volvió sobre Villas Boas... y "se amaron" por segunda vez.

Consumada la segunda cópula, la mujer perdió todo interés en Villas Boas y éste se sintió vilmente utilizado como un mero semental (¡todas son iguales!). Al momento de retirarse de la habitación, la mujer se señaló el vientre e indicó hacia el cielo... No se puede negar lo poético de este final. Es una historia que no me la creo literalmente, pero es obvia su significación arquetípica. ¡Está llena de elementos ancestrales de la mitología universal!

## El famoso "viaje interrumpido"

Me estoy refiriendo al célebre caso de Barney y Betty Hill (4), ocurrido en la noche del 19 al 20 de septiembre de 1961, en New Hampshire (EE.UU.). Los Hill eran un matrimonio racialmente mixto; él, negro y ella, blanca. Regresaban tranquilamente en automóvil, en una solitaria y nocturna carretera, de unas vacaciones en Canadá. En un determinado momento observaron un objeto extraño en el cielo, que luego de seguirlos y acercárseles, terminó aterrizando en una explanada cercana a la carretera. Barney dejó la conducción del vehículo, con el fin de investigar, y Betty estacionó el auto al borde del camino. Pues bien, Barney pudo ver con claridad –gracias a unos prismáticos– a la "nave" aterrizada, así como a unos seres humanoides que manipulaban controles y aparatos extraños. De pronto. Barney tuvo un acceso de pánico, pues intuyó que iban a ser capturados, y salió corriendo hacia el auto, mientras advertía a Betty sobre la aterradora posibilidad de que los capturasen. Los Hill huyeron en su automóvil a gran velocidad, sin dejar de sentir un fuerte zumbido, proveniente, sin duda, del "ovni".

La historia restante es bien conocida. La asustada pareja llegó a su casa con dos horas de retraso, sin recordar qué pudo haberles ocurrido durante ese período, según la clásica experiencia del "tiempo perdido". Posteriormente, comenzaron a sufrir constantes y repetidas pesadillas, a la vez que presentían que algo particularmente ominoso les había ocurrido; sometidos a hipnosis regresiva por el prestigioso psiquiatra Benjamin Simon, recordaron haber sido llevados al interior del ovni, auscultados minuciosamente y sometidos a diversos exámenes médicos por unos seres humanoides y cabezones de ojos rasgados.

"Betty "recordó" haber visto, en el interior de la nave, un mapa estelar que después fue estudiado minuciosamente por una profesora básica llamada Marjorie Fish. Ella creyó identificar en tal mapa los detalles del sistema estelar Zeta Reticuli, cuestión que ha sido puesta en duda –con "artillería pesada"– por escépticos como Carl Sagan.

Lo más significativo del caso Hill está constituido por la universalidad de los elementos que en él concurren y que, en gran medida, inspiraron los contenidos de la historia posterior –bastante movida, por lo demás– de las abducciones.

## 2. La existencia marginal (1966-1973)

Méheust fija el inicio de esta etapa con el libro de John Fuller, *El viaje interrumpido* (5), dedicado monográficamente al caso de Barney y Betty Hill. A partir de ese instante, las abducciones se incorporan a los escenarios ufológicos "establecidos", aunque conformando todavía una cultura marginal a los principales intereses de la ufología. Incluso hoy las abducciones hacen fruncir el ceño a los ufólogos más tradicionales.

## El policía y los hombres del espacio

*P. ¿Cuáles son los casos más representativos de este período?*

**R.** Méheust opta por uno de mis favoritos, así que comparto plenamente su elección: la alucinante experiencia de Herbert Schirmer.

Schirmer, un simple policía estadounidense de Ashland (Nebraska), el 3 de diciembre de 1967 vio en la carretera un objeto brillante y desconocido. Decidió, por tanto, ir a inspeccionar el extraño artefacto, no sin temor. En cierto momento, el objeto se elevó, emitiendo un agudo silbido, mientras se alejaba a gran velocidad. Posteriormente, Schirmer comenzó a sufrir perturbaciones diversas... finalmente, hipnotizado por expertos de la Universidad de Colorado, "recordó" haber sido secuestrado por unos seres de aspecto humano, aunque muy extraños. Le interrogaron sobre nuestras fuentes de energía, a la vez que se describieron como provenientes de ignotos lugares del cosmos. Le pasearon por el interior del ovni y le manifestaron que poseían "bases submarinas en Venus" y en los polos. Dijeron que estaban aquí con el fin de ayudar a la especie humana; sin embargo, admitieron que iban revelando muy paulatinamente la gran verdad de su presencia, a la vez que sus epifanías eran siempre parciales y fragmentarias, con el claro propósito de generar desconcierto y confusión en los terrícolas, a fin de mantener camufladas sus actividades en la Tierra. El caso Schirmer, que está lleno de elementos oníricos, no deja de brindarnos cierto goce estético.

## 3. La consolidación (1973-1981)

En este período el abduccionismo se incorpora de lleno en la cultura ufológica mundial, a la vez que comienzan a uniformarse sus contenidos.

También coincido con Méheust en los casos que postula como los más representativos de este período: Pascagoula y Andreasson. Este último caso, debido a su extensión y complejidad no podemos abordarlo aquí (6).

## Terror en Pascagoula

Esta abducción ocurrió en el marco de la famosa "oleada" de avistamientos de 1973, en Pascagoula, Mississippi, (EE.UU.). Al anochecer del 11 de octubre, los pescadores Charles Hickson y Calvin Parker tuvieron, según las detalladas investigaciones que se realizaron en su momento, una aterradora experiencia (7). Mientras pescaban, a orillas de un desvencijado muelle de Pascagoula, pudieron observar un muy extraño objeto distante, del que se desprendía una bruma azulada. De pronto, la "nave" comenzó a acercárseles, permaneciendo a escasos metros sobre la superficie del agua.

Luego, sobrevino lo más asombroso. Del interior de la nave salieron flotando tres seres de aspecto aterrador: eran humanoides con aire de "robots del espacio", muy grandes, con la piel plateada, orejas puntiagudas, aparentemente no tenían ojos y las "manos" terminaban en unas pinzas como de cangrejo.

Hickson y Parker fueron, pues, conducidos en volandas al interior de la nave, donde se les examinó por medio de un curioso aparato, un "ojo" que les auscultaba profundamente. En la regresión hipnótica, ambos demostraron un miedo muy intenso y un deseo casi irracional de escapar de sus terroríficos secuestradores. Tan dramática turbación de ánimo convenció a investigadores como Ralph Blum y Josef Allen Hynek, sobre –por lo menos– la sinceridad de estos "pescadores pescados".

## "Ellos están aquí"

### 4. La invasión (desde 1987 hasta nuestros días)

Podemos decir que este período comienza en 1987, con la publicación del libro de Whitley Strieber, *Comunión* (8). A partir de Strieber, se populariza la inquietante temática de los "visitantes de dormitorio", que consiste en que usted se despierta a mitad de la noche y se encuentra con un alienígena que lo está observando fijamente, para después –sin más trámite– proceder a abducirlo, haciendo caso omiso de los límites de orden físico (el secuestrado atraviesa las paredes junto a sus captores, por ejemplo), lo que hace más patente el carácter onírico de estas experiencias.

El propio Strieber, en su ominoso libro, cuenta que despertó un buen día y vio que un extraño ser de ojos rasgados lo observaba. A partir de allí comenzó para él una auténtica pesadilla... Strieber descubrió que había sido secuestrado casi toda su vida.

*P. Strieber era, antes de destapar el escabroso asunto de sus abducciones, un famoso escritor de novelas de ciencia ficción y terror. ¿No habrá sido la historia de Comunión sólo producto de su imaginación, por lo demás bastante fértil y entrenada?*

R. Es una posibilidad nada descartable. De hecho, *Comunión* llegó a ser súper ventas en Estados Unidos, con todo lo que –financieramente hablando– ello implica. Sin embargo, hasta escépticos como Philip Klass consideran que Strieber es sincero en lo que cuenta, aunque lo adjudiquen a graves padecimientos de orden psiquiátrico.

De cualquier forma, lo interesante es que las experiencias relatadas por Strieber marcan la pauta a la cultura abduccionista actual: estabiliza parcialmente el aspecto físico de las entidades abductoras, entroniza la idea de los "visitantes de dormitorio", etcétera.

## Las interpretaciones del fenómeno abducción: desde los "científicos extraterrestres" al regreso de los humoristas cósmicos

La interpretación más en boga y, de hecho, mayoritaria, es la que adjudica al fenómeno de las abducciones un origen extraterrestre. Toda la panoplia sería, entonces, resultado de la acción investigadora de estos auténticos "'biólogos del espacio", que le dan duro al bisturí y a las más ultrajantes auscultaciones (todo ello sin anestesia y, en general, con un instrumental y procedimientos bastante rudimentarios). Los objetivos de estos enigmáticos viajeros serían, además de estudiarnos, crear una "raza híbrida", mitad terrestre y mitad alienígena. A esta clase de interpretación (mecanicista, simplista y rígidamente literal) se le pueden hacer –con mayor razón– todas las objeciones clásicas a la "hipótesis extraterrestre" en su versión simple, así que no me extenderé sobre ella.

A su vez, tenemos interpretaciones más sutiles del "fenómeno abducción", que no le conceden una validez literal a los relatos, pues se detienen en los aspectos simbólicos involucrados en tan singular experiencia. Es el tema, tanto paraufológico como psicosocial, del fenómeno "que habla" al ser humano, que dice –voluntariamente o no– determinadas cosas acerca de sí mismo y del psiquismo de los testigos.

Una primera interpretación de este tipo fue dada por Jacques Vallée en su libro *Emisarios del engaño* (9). Allí, Vallée se permite un heterodoxo ejercicio de reconstrucción del caso de Betty y Barney Hill, a la luz de su hipótesis del "sistema de control" de las creencias humanas, operado por los ovnis. Recordemos que Marjorie Fish, basándose en las declaraciones de Betty sobre un supuesto mapa estelar que habría visto a bordo del platillo, creyó identificar una parte específica del universo: las estrellas del sistema Zeta Reticuli, vistas desde una perspectiva no terrestre y con datos presuntamente desconocidos para los saberes astronómicos de la época en que se produjo y se comenzó la investigación del caso. Para Vallée, en cambio, la presencia del mapa es indicativa del carácter programadamente engañoso de toda la experiencia, pues… el mapa estelar no estaba ahí para que lo vieran los tripulantes del ovni, sino ¡para que lo viera Betty! Después vendría la transmisión de esos datos ambiguos, con la cadena de consecuencias sobre la imaginación de los auténticos destinatarios del espectáculo, es decir, los seres humanos. Por eso, Vallée llama al asunto del mapa estelar –sin dudar de que Betty efectivamente lo vio– no "Zeta del Retículo" sino, más bien, "Zeta del Ridículo".

*P. Vallée volvía entonces a su idea de que el fenómeno habla de sí mismo, entregando información equívoca, tal como plantea en El Colegio Invisible.*

R. También provenientes del ámbito paraufológico, han surgido explicaciones que desafían el rudo literalismo abduccionista. Una de las más interesantes es la propuesta por el veterano ufólogo español José María Casas-Huguet, co-fundador del CEI (Centro de Estudios

Interplanetarios) de Barcelona. Para Casas-Huguet las abducciones son sólo *"sueños materializados"*. El mundo de Oz es el de los sueños; las abducciones tienen un indudable componente onírico...

Otros autores han establecido correlaciones entre el fenómeno abducción y las llamadas experiencias cercanas a la muerte (ECM), descubriendo sorprendentes paralelismos entre ambos fenómenos. Uno de los ensayos más resonantes en esta materia, en la década de 1990, ha sido el del psicólogo estadounidense Kenneth Ring. En su absorbente libro *El proyecto Omega* (10), Ring compara la arquetípica "experiencia del túnel" –tantas veces descrita por personas "clínicamente muertas"– con los alucinantes viajes que refieren los abducidos. La actual profusión de tales vivencias sería el indicio de un cambio global de la mente humana, la emergencia de una "mente planetaria", que se expresa en formas misteriosas y arquetípicas.

Desde el ámbito parapsicológico, Scott Rogo hace unas especulaciones muy interesantes sobre las abducciones en general. En *El universo encantado* (11), uno de los capítulos ("Nueva visita a Pascagoula. La historia psíquica") reexamina dos abducciones clásicas: Schirmer y, obviamente, Pascagoula.

Sobre el *affaire* Schirmer, nuestro parapsicólogo se pronuncia en forma negativa. Para Rogo, la amnesia temporal de Schirmer no tiene ninguna base extraordinaria y se parece más a los llamados "estados de fuga", por los cuales algunas personas "bloquean" el recuerdo de situaciones especialmente traumáticas con un cuadro amnésico autoinducido.

> *"La historia del secuestro del agente se interpreta sin dificultad. Los sonidos hipnóticos producen en ocasiones recuerdos muy extraños, como sabe cualquier hipnotizador. Se crean personalidades secundarias, el sujeto se convence de que se trata de espíritus obsesivos, recuerda una vida pasada fantástica e inexistente, etc. El mayor problema a que se enfrenta el hipnotizador consiste en la 'petición de características', es decir, la tendencia del sujeto hipnotizado a dar respuestas que se adapten a lo que el hipnotizador quiere o espera oír"* (12).

Rogo ve en el caso Schirmer un claro ejemplo de "petición de características". El policía adaptó su relato a las exigencias apriorísticas de los investigadores. "La historia de Schirmer se limita a una composición bastante ecléctica de las tradiciones populares sobre los ovnis" (13). Según Rogo, el "carácter engañoso" de las manifestaciones de los ovnis no tiene mucho que ver con el "sistema de control" del género humano, como supuso Vallée al comentar este asunto (14), pues:

> *"La mente hipnotizada de Schirmer revelaba así a los experimentadores lo que significaba exactamente su historia: un rompecabezas incompleto, compuesto por las tradiciones contradictorias sobre los OVNI que él había recogido durante años. Nada más. La mente de Schirmer estaba 'desconcertando' a sus médicos" (15).*

En el asunto de Pascagoula, en cambio, Rogo postula la salida paranormal, como explicación válida de lo sucedido: una proyección psicokinética, una vez más... Se trató de una "locura a dos" tan intensa que abrió las compuertas a lo paranormal.

**P.** *Nos hemos detenido mucho tiempo con Rogo. Sigamos adelante...*

**R.** Otra dirección interesante, a medias entre la psicosociología y las especulaciones paraufológicas, es aquella en que trabajaron dos ufólogos del CIFO argentino, los ya mencionados doctores Juan José Acevedo y Néstor Berlanda, en *Los Extraños*. Lo que se busca en este intento es comprender la globalidad del fenómeno abducción, más allá de la apariencia extraterrestre de todo el escenario, compartido tanto por los supuestos secuestrados como por la mayoría de los ufólogos. Acevedo y Berlanda, basándose en su experiencia clínica, en los resultados de sus propias indagaciones en los estados alterados de conciencia y en algunos descubrimientos de la llamada psicología transpersonal, han logrado trazar un cuadro muy sugestivo sobre el abduccionismo y sus implicaciones inevitables en el sistema de creencias del hombre contemporáneo.

En esta óptica, las abducciones serían parangonables con los "trances chamánicos", esto es, con dramatizaciones iniciáticas de los testigos; de ahí que asuman la forma de "viajes a lo desconocido".

*P. La pregunta es obligada: ¿está ocurriendo algo a un nivel marginal o subterráneo, de lo cual las abducciones son sólo una simple manifestación o exteriorización simbólica o arquetípica?*

**R.** Me parece que así es, independientemente del carácter inverosímil de la mayoría (si no de todas) de las abducciones denunciadas. Cuando se produce un "sueño colectivo" hay que escuchar su críptico mensaje. Recuérdese que Jung, antes de la Segunda Guerra Mundial, trató a muchos pacientes que decían soñar –en forma recurrente– con el dios germánico Wotan (u Odín). Era evidente que el "wotanismo" había surgido simultáneamente en diversas partes de Europa –especialmente en Alemania– más allá de cualquier intento consciente de fraguar una venganza histórica neopagana.

*P. Ya sé: de vuelta a los arquetipos. Autónomas (e improbables) abstracciones que guían el destino humano.*

**R.** La dimensión simbólica y arquetípica del escenario abduccionista es obvia. Naturalmente, considero que el asunto nada tiene que ver con extraterrestres. Y que una importante cuota de responsabilidad en la génesis de estos insólitos testimonios, les cabe a los medios de comunicación masivos, a los hipnotizadores-inductores de falsos recuerdos, a muchos testigos que han visto un mejor modo de expresar sus propias patologías mentales, etcétera. Lo cual *no agota el desconcertante universo simbólico que nos ofrecen los relatos de abducciones.*

*P. Otra vez, la falacia del residuo, ¿verdad?*

**R.** No. Porque aquí no estoy discutiendo la materialidad de determinados artefactos que andan por la atmósfera...

## Hacia una etno-psicología de las abducciones

*P. Pero está adjudicándole autonomía a un fenómeno psíquico. Es lo mismo.*

**R.** Usted tiene razón. No obstante, lo que quiero señalar es que las abducciones revelan, más que cualquier otro aspecto del fenómeno ovni, que *la mente humana –aún cuando sólo sueñe, imagine o fabule– no lo hace de cualquier modo, de forma arbitraria, sino siguiendo parámetros universales y transhistóricos, que superan la simple imaginación individual.*

Si esa universalidad se nos convierte en "autonomía de los arquetipos" o en una "fuente de conciencia cósmica" (expresiones que irritan notablemente al escepticismo militante), pues ¡bienvenida sea la estremecedora autonomía!

*P. Suponiendo que exista como tal.*

**R.** Simplificando las cosas, diré que hay varios caminos para enfrentar la universalidad de los sueños, viajes espirituales, visiones extáticas y contactos con seres extrahumanos. El más fructífero es, en mi modesta opinión, el antropológico.

En esta vía, debo volver a Méheust quien, desde la óptica del neoescepticismo psicosocial, ha investigado extensamente el problema de las abducciones. La tesis central de su libro *Soucoupes volantes et folklore* (16), es la siguiente: las abducciones son la representación actual, tecnologizada, de experiencias arcaicas de la especie humana. Por ello, el ámbito natural para emprender la hermenéutica de los supuestos secuestros por extraterrestres es, curiosamente, la antropología. Si tuviera que definir el método adoptado por Méheust para acercarse al fenómeno abducción, diría que es una variedad de "etno-psicología". El propio Méheust se ha referido a su trabajo como una suerte "psicofolklore" moderno.

*P. ¿En qué consiste la propuesta teórica de Méheust?*

**R.** Méheust se plantea seis posibilidades distintas de interpretación de los relatos de abducciones. La opción por una de las alternativas siguientes, nos permitirá comprender su planteo; según ello, las historias de estos extraños secuestros podrían ser:

*"1. Simples leyendas.*
*2. Fantasías voluntarias con ánimo de obtener algún beneficio o el interés de los demás.*

*3. Episodios oníricos provocados en espíritus impresionables y repletos de ciencia ficción, por la observación de una escena mal interpretada.*
*4. Episodios alucinatorios, que nos trasladan al mundo de la psicosis.*
*5. Episodios alucinatorios, no patológicos, que nos trasladan a estados de conciencia próximos al trance.*
*6. Alucinaciones producidas por manipuladores no humanos" (17).*

Pienso que las alternativas 1 a 5 pueden explicar gran parte de los relatos de abducciones, así como la 6 será la favorita de los que se adscriban a alguna versión de paraufología. Debo coincidir, en todo caso, con Méheust: la más amplia y explicativa de las opciones, así como la menos en deuda con la evidencia, es la número 5. Esto puede relacionarse con lo que dijimos anteriormente sobre el trance chamánico y su irrupción en nuestro tiempo. La tesis de Méheust apunta en una dirección similar, aunque sin referencia a agentes suprahumanos, pues para él las abducciones pueden ser un tipo especial de *estados de trance espontáneos.*

*"(...) es posible estar sano, obrar de buena fe y pretender, sin embargo, haber sido abducido por extraterrestres, aunque según toda verosimilitud no haya extraterrestres. Ya que es una propiedad paradójica pero esencial del espíritu humano elaborar como reales, y también como excesivamente reales, los seres fantásticos de la cultura. Si esta hipótesis es correcta, los relatos de abducción de platillos voladores demostrarían que la facultad de recrear por medio del trance no está reservada sólo a los 'primitivos', sino que sobrevive en el Occidente contemporáneo" (18).*

El mensaje es estremecedor, pues asistimos al desarrollo de este psico-folklore ante nuestras propias narices. Me remito, a su vez, a lo que se dijo sobre el orden universal y transindividual de la estructura de los relatos.

*P. ¿Cómo se manifiesta esa estructura? ¿Es que realmente existe tal convergencia?*

R. Existe, eso es lo asombroso. Otro folklorista, que ha sostenido una interesante polémica con Méheust, llegó a determinar con claridad los elementos fundantes de una "abducción-tipo"; me refiero al estadounidense Thomas Eddie Bullard, que aplicó el método folklórico a 300 relatos distintos de abducciones...

*P. Me tomo la libertad de esbozar algunas dudas; usted se ha referido a los ovnis como integrantes de un mito moderno y, a su vez, como expresiones vivas de un folklore en desarrollo. Tengo la sensación de que usted usa los términos "mito" y "folklore" con cierta liberalidad.*

R. Es que no es necesario ser tan austero en ese punto. Verá, un estudio ya clásico, la *Introducción a la mitología* de Lewis Spence, define el folklore como "el estudio de los vestigios de las costumbres, las creencias, la narrativa y el arte primitivos" (19). Es decir, por su propia definición, el folklore puede reproducirse al ámbito más global y abarcador del mito, fuente de la cultura. No hay contradicción alguna, por tanto, en utilizar ambos términos con cierto grado de laxitud.

*P. ¿Cómo es, entonces, la "abducción-tipo" según Bullard?*

R. Está compuesta por ocho pasos, que no necesariamente concurren en toda abducción, por cierto. Lo resumiré, dándole un título a cada paso, sin responsabilizar tampoco al pobre Bullard de mi intromisión. A saber:

1. *La captura.* El secuestrado es conducido al interior del platillo volador o nave.
2. *El examen médico.* Esta etapa asume a veces un cariz bastante traumático. Hay "extracción de muestras" de sangre, esperma, etcétera.
3. *La aparición del Jefe.* O de alguien que las oficia de tal. Después del trauma, su comparecencia es experimentada como un bálsamo de amabilidad y consuelo. El Jefe, también, explica el sentido del secuestro e instruye sobre su propio y lejano origen.

4. *El paseo por las instalaciones.* El abducido recorre –bajo la atenta guía de sus captores– la pretendida astronave.
5. *El viaje al otro mundo.* Esta temática se traduce, a veces, en una expedición al planeta de origen de las entidades o a otros lugares misteriosos. Bullard cita el ejemplo de una selva frondosa, aunque también pueden mencionarse los lugares maravillosos e indeterminados, así como los reinos subterráneos y hasta submarinos (20).
6. *La visión secreta.* Este paso es uno de los más misteriosos y estimulantes en la estructuración de estos relatos de lo maravilloso. Generalmente, consiste en una nueva aparición (otra entidad, por ejemplo) que no es conocida por los abductores. Para Bullard es una teofanía.

**P.** *Debo reconocer el trasfondo poético de la visión secreta.*
**R.** "Una joya dentro de un sueño". Los últimos dos pasos son algo más prosaicos, aunque no menos importantes:

7. *La liberación.* El abducido vuelve al sitio en que fue secuestrado.
8. *El regreso a este mundo.* El abducido retorna a su vida cotidiana y normal. En ocasiones, cree experimentar considerables cambios psicofísicos. Tampoco se descarta el reencuentro con los abductores.

**P.** *¿En qué consistía la polémica Bullard-Méheust?*
**R.** Resulta que ambos están de acuerdo en que la existencia de esta estructura indica que no estamos ante simples fraudes o ante un torrente caótico e indiscriminado de desvaríos patológicos (sin descartar su elocuente presencia en muchos casos, está claro). No. La abducción-tipo, en su orden y persistencia, revela algo que trasciende la simple vivencia individual. Nuestros autores discrepan en qué es ese "algo" que da orden y sentido, estructura en suma, a estas enigmáticas experiencias.
Según Bullard, tal orden viene impuesto por un agente externo, desconocido y de carácter inteligente. Para Méheust, en cambio, el orden es dado por una lógica particular, esto es, "la lógica de lo imaginario". En

mi modesta opinión, luego de encontrarme con las ideas de Henry Corbin sobre el relato visionario y los '"viajes de ascensión" en la tradición islámica, las abducciones están en el plano de lo imaginal, *una categoría intermedia*, cuestión que pretendo abordar –pese a que no me considero calificado, en lo que a erudición se refiere– en un próximo trabajo.

**P.** *Volvamos a Méheust. ¿Cómo justifica éste su paso desde la ufología a la etnología?*
**R.** Méheust parte del afán de superar algunas inhibiciones de los científicos sociales, los que han sido excesivamente timoratos a la hora de enfrentarse con ciertos fenómenos que parecen estar al margen de la realidad... o cuya comprensión implica una participación activa del observador, como los rituales que suscitan estados alterados de conciencia. Piénsese, a guisa de ejemplo, en las dificultades que el vudú haitiano ha ofrecido a los antropólogos excesivamente "objetivos" y cuantificadores. Aclarando el punto, debemos citar al propio Méheust, en torno a los objetivos fundacionales de su trabajo:

> *"Mi método proviene de la etnología. Al pretender salir del marco especializado de la ufología y ampliar los datos sobre los que ésta se basa, me di cuenta en seguida de que las abducciones realizadas por extraterrestres eran la versión occidental y contemporánea de un tema universal: el rapto por seres sobrenaturales, sobre el que los etnólogos, desde finales del siglo pasado, habían recogido una infinidad de relatos" (21).*

El psicofolklore promovido por nuestro autor, entonces, considera las abducciones bajo dos premisas: como *narraciones fantásticas* y como *reminiscencias de experiencias vividas*. Esto integra armónicamente los aspectos más bizarros de las abducciones, con el fuerte compromiso emocional demostrado por los abducidos durante las sesiones de regresión hipnótica (la sudoración intensa, los llantos desgarradores, el agudo temor, el dolor físico, la relajación profunda, etcétera).

*P. ¿Puede decirse que las abducciones nos proveen de información sobre elementos claves de nuestra cultura?*

**R.** No lo sé. De lo que sí estoy seguro, y eso se lo debo a Méheust, es que representan un tránsito obligado hacia las profundidades de una *imaginería arcaica* sobreviviente. Y es que, si algo caracteriza a nuestra civilización electrocéntrica y tecnológica, es el olvido del trance como elemento clave de la formación de la cultura. El trance es omnipresente en la Historia, y sólo el "puritanismo perceptual" de nuestra época lo ha relegado al mundo subterráneo de la marginalidad social; quizá ello explique la paranoica, oscurantista y absurda "guerra contra la droga" que se nos impone por todos lados. El hombre es, fundamentalmente, un "ser visionario" y el trance no patológico está en la mira de toda búsqueda espiritual.

Es frecuente que, en círculos católicos, se lamente el avance del "protestantismo popular" (léase "pentecostalismo"), en desmedro de las comunidades católicas "de base", como si ello obedeciera a causas exclusivamente sociales... Los que así se lamentan parecen ignorar el hecho de que la gente busca "las visiones", la imaginación flamígera activa, la experiencia "somática" de la religión, los caballos de fuego, los Veinticuatro Ancianos del Cielo de la Cábala postrándose ante el Eterno, las voces estentóreas de las advertencias divinas, todo lo que un catolicismo puramente moral o secularizado, "social", ya no puede ofrecer. No digo que esto sea bueno o malo... pero a los que piensen que "religión" es en todo equivalente a "ética social", "moral" u otras cosas parecidas (racionales y humanistas) les recomiendo que lean un poco más de historia y filosofía de las religiones, especialmente del monoteísmo ético (desde el zoroastrismo en más).

*P. ¿Qué tiene eso que ver con las abducciones?*

**R.** La sed de experiencias extáticas y visionarias tiende a satisfacerse en nuestra época siguiendo claves ufológicas. Las abducciones contienen todos los elementos soterrados por nuestra cultura, así como ocurre con ciertas formas de religiosidad popular, con las ventajas de que las abducciones discurren libremente por los espacios de la imaginería arcaica, sin las restricciones y desconfianzas ante el "viaje del alma", las que constituyen la impronta característica de la cosmovisión judeocristiana.

El auge de las abducciones es una señal de que un "revelador colectivo" se debate espasmódicamente en el centro de los sueños de otros mundos.

Una muy competente valoración de esta imaginería fue realizada por Rubén "Gurú" Morales:

> *"(...) es posible penetrar más profundo en estos cuadros interiores pasando del enfoque psicoanalítico individual a la generalización mitológica: el espacio ovoide no es sólo el vientre femenino, sino también simboliza el universo total. La ascensión y la escalera vertical no solamente evocan el coito, representan el vínculo que comunica a los mundos. En cuanto a la operación quirúrgica, sin duda señala un sentimiento de culpa que se manifiesta por un fantasma de autocastigo, pero también es una prueba transfiguradora. Es la operación ritual en la cual el antiguo aspirante a brujo era iniciado por los demonios en una gruta chisporroteante. El iniciado volvía a la vida con una personalidad distinta. Igual que nuestro raptado cuando despierta sobre la ruta" (22).*

## La historia oculta de las cosas

Una de las interpretaciones más asombrosas del fenómeno de las abducciones es la ofrecida por el psicólogo canadiense Michael Persinger, con su "teoría de la tensión tectónica" (TST). Ya en 1977, Persinger y Gyslane Lafreniere publicaron *Space-time transients and unusual events* (23), donde sugirieron que algunos informes de OVNIs podían estar relacionados con un fenómeno natural aunque casi desconocido. La responsable sería una energía eléctrica muy rara: espectros lumínicos causados por fuerzas internas de la corteza terrestre.

*P. No vislumbro el núcleo de la hipótesis.*

**R.** El proceso, supuestamente, opera como indicaré a continuación. Hay cierto tipo de rocas que están sometidas a tremendas presiones telúricas (el ejemplo más extremo sería el momento previo a un terremoto). En virtud de tales presiones extraordinarias tales rocas llegan a liberar cargas eléctricas que pueden ser percibidas como luces extrañas y atípicas. Según Persinger, estas luces deben asociarse con zonas específicas donde existen fallas tectónicas. Resumiendo: estas "luces de la Tierra", como las denominó después Paul Deveraux, son capaces de producir en el ser humano cuadros alucinatorios y estados alterados de conciencia, a los que debiéramos adjudicar los aspectos más fantásticos y aberrantes de las experiencias con ovnis, partiendo por las abducciones.

*P. ¿No es, acaso, una hipótesis algo rebuscada?*
**R.** Así lo pensaba yo en un comienzo; hoy me parece cada vez más respetable (aunque creo que sólo sirve para explicar parcialmente la fenomenología vinculada a los ovnis). Lo curioso es que las ideas de Persinger han sido formuladas según una impecable factura académica, apareciendo en prestigiosas revistas científicas, con un aparato crítico impresionante.

En sus últimos trabajos, Persinger ha puesto un mayor énfasis –si cabe– en la temática de las abducciones, abordando lo que ha denominado "el factor del lóbulo temporal" (24). Lo central, en este planteo, es "la experiencia del visitante", es decir, la fuerte sensación de una "presencia" que irrumpe inesperadamente en la psique de la gente normal. Generalmente, se describe esta presencia como la conexión súbita del sujeto a una energía mental terrestre, pero omniabarcante, "cósmica" en sus implicaciones existenciales...

*P. Richard Bucke, Aldous Huxley, Alan Watts y muchos otros han descrito en términos similares toda la "experiencia mística". ¿No será reduccionista pretender que ello se deba simplemente a alteraciones del lóbulo temporal, producidas por rarísimas luces de tectónico origen?*
**R.** Pero, ¿estamos hablando de lo mismo? No me parece que el Maestro Eckhardt, la *Bhagavad-Gita* o el autor anónimo de *The cloud of unknowing* estén describiendo lo mismo que, pongamos por caso,

Fortunato Zanfretta o Linda Napolitano. Y no estoy hablando de lo obvio, esto es, del "contenido" de tales experiencias, sino del fenómeno en sí. Aunque... debo reconocer que tengo mis dudas... En realidad, no lo sé.

**P.** *¡Qué bien! Bueno, sigamos con Persinger.*

**R.** En diversos trabajos, especialmente en su libro *Neuropsychological bases of God beliefs* (25), Persinger defiende la tesis de que existe un espectro de labilidad lóbulo-temporal, que determina la aparente realidad de la experiencia. Luego, siguiendo con el trabajo que comentábamos sobre el "factor del lóbulo-temporal", Persinger considera tres experiencias clásicas del "visitante" en los relatos de, a saber:

-Whitley Strieber en *Comunión*.
-Meredith Young en *Agartha*.
-Gopi Krishna en *Kundalini*.

Strieber nos cuenta una historia, más o menos arquetípica, de abducción de un ser humano por parte de supuestos extraterrenos. Young alude a una entidad proveniente de "otra dimensión". Y Gopi Krishna describe la dramática emergencia en su vida de una poderosa energía psicofísica, inicialmente incontrolable. Lo característico de estas tres experiencias es la persistente "presencia", ese río de energía psíquica que se descarga sobre el sujeto. En los tres casos hubo profundas alteraciones cognoscitivas, fenómenos psi y, además, la compulsión a describir lo vivido y divulgar "el mensaje".

Como no puedo extenderme más en este tema, hago una larga cita del propio Persinger:

*"Las experiencias de 'visitantes' han sido un fenómeno permanente a lo largo de la historia del hombre (...) Las formas de los 'visitantes' han variado de acuerdo con la naturaleza cambiante de la cultura humana. Se presentaron como arpías nocturnas, súcubos e íncubos que atormentaban y enloquecían a sus indefensas víctimas, o bien como ángeles de la guarda que prometían la sabiduría prohibida. Sus temas*

*han reflejado la construcción del sistema límbico humano. Sus operaciones han sido funciones de los procesos cognoscitivos inconscientes que guían al pensamiento humano. Cuando el sexo y el pecado eran deseos reprimidos, los 'visitantes' se observaban bajo esa perspectiva. En este momento, cuando los deseos de inmortalidad se esfuman con los últimos residuos de ilusiones religiosas, las experiencias de los 'visitantes', se han transmutado de nuevo" (26).*

## El platillo volador, ese "huevo cósmico"

Por eso, me gustaría pasar revista a dos de las hipótesis más interesantes que se han propuesto en torno de las abducciones, aunque sus efectos sean de relevancia para la ufología en general.

En primer lugar, me referiré a la hipótesis de los recuerdos perinatales (HRP), asociada al psicólogo Alvin Lawson (sin perjuicio de desarrollos similares en otros autores).

*P. ¿A qué se refiere con "recuerdos perinatales"?*
R. Quizá convenga hacer una breve introducción al tema, antes de pasar a lo propiamente ufológico. Lo "perinatal" es aquello previo y cercano al nacimiento; se relaciona, por tanto, con la vida intrauterina. Quizás el primer estudioso que planteó en forma sistemática el problema del nacimiento, y sus decisivas influencias en el psiquismo humano, fue el psicoanalista Otto Rank. Se dice que Rank terminó literalmente loco...

*P. Pero eso no nos importa en este momento.*
R. Además, por si le interesa, psicoanalizaba a la líbrica Anaïs Nin.

*P. Eso me interesa un poco más. Pero sigamos.*
R. En *El trauma del nacimiento* (27), Rank postula que, cuando una persona nace y sale del paraíso intrauterino, vive uno de los momentos más dramáticos de su existencia, como si se tratase de una "primera muerte". La vida en el interior de su madre es percibida por el feto como segura, plena y unitiva, un estado "urobórico" de indiferenciación

cósmica. El nacimiento, en cambio, implica la destrucción y el fin del paraíso amniótico; vale decir, supone la llegada al mundo de la dualidad, de la desintegración y el dolor de las contradicciones y el tiempo lineal.

**P.** *Acabo de sufrir un estremecimiento... Lo que usted dice me parece una especie de metáfora sobre el destino humano en general, como el Génesis bíblico.*

**R.** De hecho, Rank fue el primero en establecer ingeniosas correlaciones de aquella "primera muerte" con elementos de la cultura: el arte pictórico, la creación literaria, la imaginería religiosa... Y, a pesar del tiempo transcurrido, *El trauma del nacimiento* sigue siendo un libro extraordinario, cuya lectura me dejó una profunda huella...

**P.** *Pero, ¿en qué consiste la hipótesis de Alvin Lawson?*

**R.** Lawson ha desarrollado su hipótesis con el mismo grado de seriedad académica de Persinger, de allí que podamos decir que sus ideas son "refutables" y, por lo mismo, "científicas" en el sentido popperiano del término.

Según Lawson, las abducciones representan –para el sujeto que las experimenta– la "recapitulación" de vivencias intrauterinas y posteriores al nacimiento (28). En 1977, realizó un estudio sobre el papel de la imaginación activa en la generación de los relatos sobre abducciones. Se comparó un grupo de "auténticos" secuestrados con otras personas a las que, bajo sugestión hipnótica, se les indujo a describir un rapto imaginario. En un principio, tanto Lawson como sus colaboradores esperaban encontrar diferencias sustantivas entre ambos grupos de relatos, sobre todo considerando que los "inducidos" no poseían conocimientos ufológicos superiores a la media. Sin embargo, los relatos de ambos bandos resultaban casi indistinguibles, lo cual hizo sospechar a Lawson que existía una base psicosomática –asombrosa y extrañísima, pero muy terrestre– en la mayoría de las historias sobre abducciones.

**P.** *¿Representan las abducciones, según esta perspectiva, un viaje al pasado "fetal" o "post-fetal" de los testigos?*

**R.** Según Lawson, la experiencia OVNI en general, y la abductoria en particular, están repletas de recuerdos perinatales, sobre todo los de estadio más tardío, a saber:

"*-Seres con aspecto fetal.*
*-Imágenes de túneles o tubos* (corredores, aparatos, haces de luz).
*-Presión en la cabeza o en el cuerpo.*
*-Problemas respiratorios.*
*-Dolor de corte del cordón umbilical.*
*-Rotación fetal* (igual que la que se da durante el parto).
*-Imágenes de contenedores claros* (el líquido amniótico).
*-Imágenes de habitaciones grandes, cámaras que se asemejan al útero y puertas que se parecen al cuello vaginal.*
*-Sabores y olores desagradables.*
*-Golpes de frío y de calor*" (29).

Al respecto podemos incluir una de las enunciaciones básicas de Lawson en el tema de las abducciones: "Cuanto más detallada sea la narración, más recuerdos perinatales presentará" (30).

**P.** *¿Se ha convertido, entonces, el platillo volador en una curiosa representación del útero?*
**R.** Sí, el platillo volador como un huevo cósmico. El propio Lawson resume así su punto de vista:

"*Estamos de acuerdo con (Budd) Hopkins en que existen móviles relacionados con la genética humana en los relatos de encuentros cercanos del tercer tipo, pero nuestra investigación deja bien claro que corresponden a los orígenes perinatales de las fantasías de contactos con extraterrestres, y no a una experimentación de seres extraterrestres sobre nuestra reproducción. Los detalles concernientes a la reproducción son simplemente un aspecto pequeño dentro de un contexto perinatal mayor que normalmente acompaña a tales fantasías. Ello se ha podido comprobar a lo largo de cientos de años de cuentos sobre viajes espaciales, en la ciencia ficción, en la literatura, en las películas fantásticas, en la investigación psiquiátrica contemporánea y, por cierto, en las fantasías de raptos por OVNIs" (31).*

# NOTAS

(1)     *UFO Abductions, a Dangerous game*, Prometheus Books, Buffalo, 1989.

(2)     Bertrand Méheust: "Du voyage interrompu aux grossesses interrompes: irrésistible montée des enlévements soucoupiques aux Etats-Unis", en Pinvidic: *OVNI, vers une anthropologie d'un mythe contemporain*, Heimdal, París, 1993, pps. 431-454.

(3)     Citado por Irene Granchi en John Spencer: *OVNIs, la respuesta definitiva*, Susaeta, 1992, capítulo concerniente a Sudamérica.

(4)     Ver a John Fuller: *El viaje interrumpido*, Plaza y Janés, Barcelona, 1968. El original en inglés: *The interrupted journey*, Dial Press, Nueva York, 1966.

(5)     Op. cit.

(6)     Sobre este caso, ver a Raymond Fowler: *The Andreasson Affair*, Prentice Hall, Englewood Cliffs, 1979.

(7)     Un buen tratamiento del caso aparece en Henry Durrant: *Humanoides extraterrestres*, Javier Vergara Editor, Buenos Aires-Barcelona, 1978. Para una interpretación heterodoxa –y brillante– de esta abducción, ver a Tony Nugent: "Agua de plata a la luz del crepúsculo: encuentro cercano con un ojo hermético", en Dennis Stillings: *Lo imaginario en el contacto OVNI*, Heptada, Madrid, 1990, pps. 143-161.

(8)     Original en inglés: Avon, Nueva York, 1987. En español: Reediciones Anómalas, Alicante, 2019.

(9)     *Messengers of deception*, And Or Press, Berkeley, 1979. En español: *Emisarios del engaño*, Reediciones Anómalas, Alicante, 2017.

(10)    Más Allá Libros, Madrid, 1995.

(11)    Martínez Roca, Barcelona, 1981.

(12)    Op. cit, p. 153.

(13)    Op. cit., p. 154.

(14)    Jacques Vallée: *El colegio invisible*, Diana, México, 1981, pps. 62-64.

(15)    Rogo, op. cit., p. 154.

(16)    *Soucoupes volantes et folklore*, Mercure de France, París, 1985.

(17)    Ver a Méheust: "Los OVNIs, el mito y el folklore", en revista *Más Allá de la Ciencia*, número monográfico sobre los OVNIs, 1991, p. 201.

(18)    Ídem.

(19)    M. E. Ediciones, Madrid, 1996, p. 12.

(20)   También las pirámides de Egipto, un destructor estadounidense y una supuesta base de OVNIs en el Polo Norte, entre otros.

(21)   Méheust, monográfico citado, pps. 198-199.

(22)   Rubén "Gurú" Morales: "Méheust, el folklorista", en *Cuadernos de Ufología*, Nro. 6, segunda época, Santander, 1989, p. 80.

(23)   *Space-time transients and unusual events*, Nelson-Hall Inc., Chicago, 1977.

(24)   Ver a Persinger: "La experiencia del visitante y la personalidad: el factor del lóbulo temporal", en Stillings, op. cit., pps. 203-218.

(25)   *The neuropsychological bases of God beliefs*, Praeger, Nueva York, 1987.

(26)   "La experiencia...", cit., pps. 217-218.

(27)   Paidós, Buenos Aires, 1957.

(28)   Este estudio fue expuesto por Lawson en "Hypnosis of imaginary UFO abductees", en *Proceedings of the First International UFO Congress*, ed. C. Fuller, vol. 1 (1980), pps. 195-238.

(29)   "La hipótesis de los recuerdos perinatales", en Stillings, op. cit., p. 172.

(30)   Ídem.

(31)   Op. cit., p. 185.

# CAPÍTULO X
## Ufología, epistemología y escepticismo (el debate está abierto)

*Nada es lo que parece y nada es como se cuenta...*
**Dennis Stillings**

## El incierto porvenir de una paraciencia

*P. ¿Tiene futuro la ufología?*

**R.** Diversos autores críticos (Agostinelli, Cabria, Pinvidic, entre otros) han realizado el esbozo de un futuro posible –nada alentador, por cierto– para la ufología y la actividad de los ufólogos. Si les he comprendido bien, el esquema es más o menos el siguiente:

1. Separación creciente entre el estamento científico y los grupos ovnísticos

Este proceso es evidente en todo el mundo platillista, particularmente en el ámbito estadounidense. La actitud general de lo que Sheaffer llamó "el movimiento ovni", consiste en encerrarse más en sus propios significados y referentes, diferenciándose de la cosmovisión científica oficial. Esto podría, en ciertos casos, ser positivo y rupturista. Sin embargo, el grueso de la ufología sólo representa actualmente una subcultura donde la credulidad y la violencia de las emociones conducen a un anti-intelectualismo lamentable y, en ocasiones, paranoide.

Repito, este proceso es impresionante en la ufología yanqui: basta ver en qué están metidos personajes tan emblemáticos como Stanton Friedman, Budd Hopkins, John Carpenter, etcétera, para entender a lo que me refiero.

### 2. Disolución de la ufología en instancia neorreligiosa

Debido a los resultados decepcionantes y a la natural maduración de las ideas iniciales, gran parte de la élite intelectual de la ufología ha desertado, o ha abrazo el escepticismo, o ha explorado versiones mejoradas y más convincentes de paraufología. Como quiera que estas tres opciones están muy alejadas del mito popular de la visitación extraterrestre, su influencia en la ufología mediática es insignificante...

No estoy diciendo que no haya intelectuales, científicos y gente sensata en la ufología clásica superviviente; los hay, sin duda, pero están repitiendo la misma caza de quimeras de la vieja guardia, y no parece que sean conscientes de ello. El resultado natural de estas infructuosas idas y venidas por el mundo de los indicios que no sirven, de los rastros físicos triviales, de las huellas que cualquier cosa terrestre pudo dejar, es que el ovni-creyente común es progresivamente ganado por la oferta religiosa vinculada al movimiento ovni, y la ufología deviene en un apéndice o segmento de la New Age, en la ufomancia de la que hablaba Cabria. Por supuesto, el contactismo será un desembarco natural para una significativa parte del movimiento ufológico. Ahí están esperando, con los brazos abiertos, Raël, los neoadamskianos, la Misión RAMA, etcétera.

*P. ¿O escepticismo o contactismo?*
**R.** Si bien hay otras opciones, esas alternativas extremas pueden ser la regla en un futuro mediato. Ya lo han sido en innumerables casos.

*P. Pero, ¿cree usted que hay posibilidades de reconstruir una ufología no dogmática, luego de la demolición operada por las tesis paraufológicas y psicosociales?*

202

**R.** Mi opinión es que tal reconstrucción sólo es posible si existe un fenómeno ovni original. De lo contrario, y en esto coincido con el escepticismo militante, no podría justificarse la existencia de una "disciplina" llamada ufología: sería ya, indefectiblemente, un ejercicio más de ocultismo secular.

Lo anterior, sin perjuicio del gran cúmulo de enseñanzas sobre fenómenos naturales y sociales que cualquier intérprete imparcial reconocería de inmediato en la "herencia ufológica".

*P. ¿Cuáles son esas enseñanzas?*

**R.** Hemos aprendido... mejor aún, hemos visto desarrollarse ante nuestros propios ojos una mitología infinitamente compleja, en un período de sólo cincuenta años. La antropología y la sociología tienen mucho material disponible, gracias a los famosos platillos voladores. ¿Cómo no va ser asombroso para un científico social, que una treintena de personas cultas, veraces y sanas, confundan a un luminoso pero estático y trivial planeta Venus... con un gigantesco platillo volador con ventanillas?

En lo personal, la ufología me ha enseñado una enormidad de cosas sobre el comportamiento de las comunidades de creyentes, y sobre las difusas relaciones entre los deseos, las creencias y los testimonios humanos. Y, por cierto, he aprendido mucho sobre conceptos que no estaba predestinado a conocer: "fata morgana", rayo en bola, luz zodiacal, nubes lenticulares, "moscas voladoras" y muchos otros fenómenos atmosféricos y variedades de espejismos, son ahora parte de mi acervo cultural. Se lo debo a la ufología...

*P. ¿Qué papel le asigna al escepticismo ufológico en la actualidad?*

**R.** Confieso que he creído. Desde que tengo memoria y quizá debido a la temprana influencia de cierta literatura. He creído en casi todo. Padezco del síndrome de "Alicia en el país de las maravillas". Los mundos fabulosos, ocultos, subterráneos, para mí han sido objeto de ensoñaciones sucesivas... He llegado a pensar que una vida sin magia, sin el mito, sin la historia sagrada de las cosas, no merece la pena vivirse.

Actualmente, como es obvio, estoy bastante descreído. Aunque suene como una claudicación inaceptable, el pago de los dividendos se me aparece como mucho más real que las conversaciones de Swedenborg y John Dee con los ángeles. Además, se ha ido afianzando mi sujeción a los dictados de la ciencia (no digo "moderna", ni "occidental", porque es la única que tenemos). Los escritos de Martin Gardner, Stephen Jay Gould, Douglas Hofstadter, Carl Sagan, Stephen Hawking y otros púgiles de similar peso, me han hecho volver, como ex oveja descarriada, al redil de la cosmovisión científica. Me he desembarazado de una serie de tópicos irracionales que se le dirigen frecuentemente a tal estructura de pensamiento: el "creacionismo científico", como ejemplo característico de las embestidas vigentes y de las que se avecinan. Por supuesto, confío más en el *Skeptical Inquirer* o en *El ojo escéptico* que en *Karma 7*; más en James Randi que en Uri Geller y su inseparable Andriha Puharich; más en Ballester Olmos que en J.J. Benítez. Al igual que el CSI, creo en las bondades terapéuticas del pensamiento escéptico, cuya difusión social –en los confusos tiempos que corren– me parece altamente recomendable. La superstición, el odio al debate racional, el delirio acompañado de altos grados de emocionalismo, etcétera, son dinamita pura cuando se convierten en patrimonio masivo. *Les temo mucho más a los creyentes que a los escépticos.*

Sin embargo, sigo creyendo. O, lo que es peor aún, el escepticismo que me enseñaron los maestros Gardner, Sagan, Klass, Oberg y otros, me ha hecho preguntarme acerca de la supuesta validez monolítica que presenta la ideología metodológica de la ciencia contemporánea. Por lo mismo, tampoco creo en las mitologías del progreso puramente racional de la Ciencia (con mayúscula) y, por ello, no comparto –en sentido estricto– la cosmovisión defendida por CSI.

Esto tiene graves implicaciones ufológicas, como intentaré demostrar a continuación.

## Entre el marciano y el duende

Sostengo que la ufología científica ortodoxa ha devenido en escepticismo, *en parte* porque ha estado presa de una doble ilusión, a saber:

1. Los ovnis eran naves extraterrestres, dirigidas por pilotos técnica o intelectualmente superiores al ser humano, cuando no por verdaderos "científicos alienígenas".
2. Lo que la definía en cuanto corriente ufológica, era su estricta subordinación a una metodología determinada.

Ambas ilusiones han sido, en mi opinión, escarnecidas y confutadas por la realidad. Pero, en este momento, concentraré mi atención en la segunda. Considero que, en definitiva, la diferencia no estuvo en la aplicación de un método determinado, sino en el *apego a una cosmovisión específica*. Lo expondré así: ¿qué hace más verosímil al extraterrestre que al duende? ¿Qué, más probable una astronave tripulada por exploradores extraplanetarios que un artilugio volante de Magonia?

Por ello puede un ufólogo ortodoxo y cientificista, el sueco K. Gösta Rehn, despachar de un plumazo las afirmaciones de Keel y Vallée, quienes consideran que los mecanismos de la creencia en las hadas y en los elusivos ovnis son idénticos (1):

> *"Las pretendidas similitudes no son más que endebles invenciones. La existencia de los pilotos de los OVNIs, como reconocen tanto Keel como Vallée, es demostrable. En cambio, todos los entes espirituales son irreales. En este punto, la teoría del paralelismo y la afinidad se viene abajo"* (el subrayado es mío).

¡Vaya cientificidad! Así de simple, y se acaban todos los problemas. ¿Endebles invenciones? Todos los investigadores que han explorado los paralelismos de marras, no han podido dejar de constatarlos una y otra vez, desde Vallée en más. ¿"Demostrable" la existencia de los humanoides? Aquí se ha perdido la modestia: a duras penas Gösta Rehn y similares logran demostrar una supuesta existencia física de los escurridizos ovnis; empero, de inmediato, nos quieren implantar los ovninautas. Entonces, visto lo anterior, ¿por qué se dice que sólo los paraufólogos optan por la solución más complicada? Gösta Rehn aplica un conocido aforismo jurídico, en *forma invertida*: "quien puede lo

205

menos, puede lo más". Por eso termina con la conclusión filosófica: "todos los entes espirituales son irreales". Lo que me lleva a insistir en mi pregunta original, pues ¿qué hace más verosímil al viajero del espacio que al gnomo del bosque? Después de todo, este último no requiere despacharse miles de años luz para llegar hasta acá, pues sólo le basta con salir a estirar las piernas.

Es decir, si de inteligencias no humanas se trata, la ufología científica las localiza –por una cuestión meramente ideológica– a años luz de distancia, antes que compartiendo el planeta con nosotros. En lo personal, creo más probable la psicokinesis que los viajes a través de los "agujeros de gusano"...

*P. No entiendo cómo han influido esos supuestos en las conclusiones obtenidas por la ufología científica.*

**R.** Hay un ejemplo que no puedo dejar de mencionar; en el libro *Investigación OVNI* de Ballester Olmos, se incluye un apéndice bibliográfico diseñado por Juan Antonio Fernández Peris (2). El análisis abarca toda la literatura ufológica editada en España hasta 1980. Si bien en términos generales me adhiero a las calificaciones otorgadas por Fernández, considero que contiene algunos juicios erróneos, típicos de la corriente ideológica en que se encuentra inmerso su autor...

*P. ¿Cuáles eran esas calificaciones?*
**R.** Divide los libros en tres categorías:

**a)** *Recomendables.* Son libros calificados de "serios".
**b)** *Escaso interés/desfasados.* Son aquellos textos no muy rigurosos en el tratamiento del tema, aunque se mantienen en una línea más bien expositiva del problema. Muchas de estas obras –importantes en su momento– perdieron toda significación con el paso de las décadas y el propio avance de la discusión ufológica.
**c)** *Rechazables.* "Son libros lamentables, totalmente desinformativos, de contenido poco serio y, en algunos casos, sencillamente delirantes" (3).

Como es fácil adivinar, la inmensa mayoría de las obras ufológicas analizadas puede encuadrarse en las categorías "b" y "c". Sin embargo, a un interesante libro de Miguel Peyró se le da el injusto sambenito de "rechazable". El libro cuestionado es característico de la gran crisis de finales de los setenta, el primero de paraufología en español: *¿Ovnis? Sí, pero...* (aventuro la idea de que este título parafrasea uno de David Saunders; que me corrijan los más eruditos) (4). Hay que señalar que Peyró era un ufólogo crítico, informado, nada ingenuo; por más señas, psicólogo y miembro del respetado Consejo de Consultores de Stendek, la entidad que asesoraba al CEI (Centro de Estudios Interplanetarios) de Barcelona. El CEI era, en esa época, lo que la Fundación Anomalía fue a fines de los noventa y comienzos del nuevo milenio: la flor y nata de la ufología científica española y, por lo mismo, entre tres o cuatro más de Europa. Pues –independientemente de los vivales, charlatanes y mercaderes que todos conocemos– España siempre ha tenido una ufología respetable, tanto en la divulgación "romántica" del tema como en el debate racional y científico. Es un hecho: si los españoles tuvieran un fútbol a la altura de su ufología... disputarían preseas con holandeses, italianos, alemanes, argentinos y brasileños. Pero no[*].

El principal pecado del libro de Peyró es su carácter paraufológico. Y, sobre todo, el desafío que plantea al dogma tecnológico y progresista que subyace a la ufología ortodoxa, de la cual Fernández era –en 1984 por lo menos– un representante de nota. Que Peyró se haya puesto a especular en torno a los fenómenos psi, a los mundos paralelos, las apariciones marianas y los poltergeist, es algo que no pudieron perdonarle muchos de sus colegas. Todo lo que saliera de la ufología ortodoxa y del dogma del "ilustre y racional visitante del espacio", a favor de alternativas aparentemente tan exóticas como la parapsicología o los pliegues espacio-temporales, bueno, era algo que se le podía (y debía) tolerar a Vallée, pero nunca a Peyró.

*P. Pero otros pecados más habrá cometido Peyró en su libro.*

---

[*] *No olvidemos que este libro fue escrito en 1999, antes de las Eurocopas y del Mundial de Fútbol ganados por la selección de fútbol española.*

**R.** Naturalmente. ¿Y quién no los ha cometido en ufología? Peyró, a veces, roza lo descabellado... mas, ¿podía esperarse algo tan aséptico? ¡Si estamos hablando de ovnis! Toda la ufología teórica está llena de especulaciones audaces, desde las "reducciones al absurdo" de James McDonald (que se volvieron contra él como un boomerang) hasta los universos ortogonales de Miguel Guasp. Se trata de extrapolaciones racionales, bastante heterodoxas, aunque tampoco pueden ser tildadas de meras idioteces. Pero lo diré sin ambages: pese a algunas piruetas fantásticas de su libro (especialmente en torno a temas tan dudosos como el del "triángulo de las Bermudas") y a las especulaciones desenfrenadas que lo inundan, Peyró estaba –ya en esa época– más cerca de romper con los dogmas fundacionales de la ufología que Ballester Olmos o Fernández Peris en 1984.

## Regresando de "Magonia"

*P. Es una afirmación tendenciosa... Y usted, ¿en qué lugar del espectro se ubica?*

**R.** Me adhiero con entusiasmo a las conclusiones expuestas por el ufólogo inglés Peter Rogerson, a fines de los años setenta. Rogerson, es una de las figuras más representativas de la revista *Magonia*, de orientación psicosocial, donde desarrollan también sus ideas investigadores de la talla de John Rimmer, Peter Brookesmith, Hilary Evans, entre otros.

Según Rogerson:

*"1.- Existe evidencia de que una buena proporción de las experiencias OVNI de alta extrañeza ocurren en estados alterados de la conciencia.*

*2.- Algunas experiencias de encuentros con OVNIs no son objetivas en el sentido usual del término.*

*3.- Los casos más atractivos para los ufólogos "clásicos", los que parecen ser objetivos, son los más vulnerables a las críticas.*

*4.- Colectivamente los informes OVNI forman un moderno folklore, que constituye la base de una "mitología contemporánea".*

*5.- El análisis de los relatos OVNI como sistemas mitológicos y psicológicos será, probablemente, fructífero.*

*6.- No existe evidencia persuasiva de que inteligencias no humanas estén interviniendo en nuestras vidas" (5).*

En principio, estoy de acuerdo con cada uno de los puntos anteriores. Sin embargo, me descuelgo del Nº 6, pues admito *como posible* (no *probable*) un origen inteligente y extrahumano para ciertas manifestaciones del fenómeno OVNI.

Sumo, a las conclusiones de Rogerson, la propuesta explicativa del llamado "Archaeus Project", que promueve el enfoque "ciberbiológico" en ufología; éste, ha sido admirablemente definido por Dennis Stillings en un ensayo titulado "La biología cibernética de los platillos volantes":

*"Mucho de lo que se dice sobre los OVNIs contiene un gran componente de imaginación. Lo imaginario surge de la actividad de la psiquis, y la psiquis humana es un sistema autorregulado que expresa, en imágenes simbólicas, su interacción con la vida y el mundo. Por tanto, el componente de imaginación de la experiencia OVNI es ciberbiológico en su naturaleza" (6).*

**P.** *¿Qué debemos entender por "ciberbiológico"?*

**R.** Se refiere a la interacción de la mente humana –y a sus respuestas de autorregulación– *con sistemas diversos de ella*, lo que abarca al consciente y al inconsciente, a la experiencia individual como a la "psiquis de grupo".

**P.** *¿Qué repercusión tiene tal característica de nuestra mente en las visiones de ovnis?*

**R.** Lo que Stillings sugiere es que las discusiones sobre *la naturaleza última* del fenómeno ovni... nos conducen a cuestionar, una vez más, la naturaleza de la realidad física y la radical ambivalencia de nuestra relación con ella. Esto nos habría embarcado en una polémica permanente, signada por un sorprendente número de preguntas estériles, que reflejan la literalidad y fisicalismo con que abordamos estas cuestiones: ¿Verdadero o falso? ¿"Naturales" o artificiales? ¿Físicos o psíquicos? ¿Extraterrestres o interdimensionales? ¿Objetivos o subjetivos? Todas, preguntas incontestables, pues ninguna da cuenta del carácter arquetípico de la incierta fenomenología; a su vez, y esto es lo que me interesa destacar aquí, ese género de preguntas ensombrecen cualquier vislumbre de un fenómeno original desconocido, de una exointeligencia a la que podamos responsabilizar del conjunto global de creencias folklóricas y mitológicas generadas por los ovnis. *Quizá hemos estado confundiendo la causa con el efecto.*

**P.** O sea, el impacto psicosocial, el "ruido de fondo" psíquico, no excluye la eventual autonomía de una inteligencia subyacente extrahumana.

**R.** Así es. Nótese que Stillings no es lo que hemos denominado un "ovni-creyente". Diría más bien que es un personaje bastante escéptico. Pero es la exacerbación de su propio escepticismo el que lo lleva, como en mi modesto caso, a cuestionar también la función simbólica –y limitada– de la refutación a ultranza practicada por los incrédulos más combativos.

Al respecto, deseo volver a Stillings, cuando arriba a siete conclusiones básicas, que también podrían predicarse de los ámbitos propios de la parapsicología y la criptozoología. Dichos ámbitos estarían constituidos por:

> *"1.- Un conjunto de anécdotas más o menos creíbles, indefinidamente cuestionables.*
>
> *2.- Múltiples teorías que se contradicen, en combinación con una gran polarización en la cual las personas toman partido, ya como creyentes o como escépticos.*
>
> *3.- Un fenómeno que se escapa.*
>
> *4.- La dificultad para confirmar las observaciones investigadas.*
>
> *5.- Una conducta propia de los cultos.*

*6.- Una especulación metafísica y con tono religioso.*
*7.- La existencia de ambigüedades y paradojas..." (7).*

**P.** *Parece que la indeterminación de estas posturas no resulta más ventajosa que las supuestas limitaciones del escepticismo que usted denuncia.*
**R.** Terminantemente: no lo creo así. El gran inconveniente que, a mi juicio, presentan tanto el movimiento escépticos como la ufología científica ortodoxa (a los cuales tanto debo, lo reconozco) es que pierden de vista la globalidad del fenómeno. Creo que sólo el neoescepticismo psicosocial ha salvado ese inconveniente, por su énfasis en la subjetividad esencial de los testimonios.

**P.** *¿En qué consiste "perder de vista la globalidad del fenómeno"?*
**R.** Ya manifesté mi escepticismo en tópicos tan arraigados en el submundo ufológico como los platillos estrellados, el contactismo, las abducciones, etcétera. No creo en ninguna de esas narraciones en forma literal; empero, no las desecho como irrelevantes en el análisis total de la fenomenología ovni, *pues algunos de esos tópicos son los más interesantes desde una perspectiva sociocultural.*
Un ejemplo característico de lo que señalo está en el tratamiento que se ha dado –prácticamente acribillándolo– al famoso "Catálogo Magonia", confeccionado por Jacques Vallée (8). Este catálogo contempla una abigarrada lista de supuestos casos de aterrizajes de ovnis, en un período que comprende un siglo exacto (1868 a 1968). No sin razón, se le han hecho toda suerte de críticas, subrayando –por sobre todo– la gran falibilidad de las fuentes en que se basa. ¿Fuentes dudosas? ¡Por supuesto! Pero se olvida que el mayor mérito del "Catálogo Magonia" es su carácter folklórico; es un retrato inmejorable del gran mito de los ovnis. Es el verdadero "pasaporte" a Magonia...
Con el tema de los contactados ocurre lo mismo. ¡Cuántos ufólogos ortodoxos, de línea cientificista, mandan las noticias de esta nueva religión al tarro de la basura! Mas, en medio de tantas declaraciones absurdas y contradictorias, podemos formarnos un cuadro más acertado sobre la verdadera naturaleza del papel que juegan los ovnis en nuestra cultura... que especulando sobre el modo de propulsión de los platillos

211

voladores o la forma en que estos superan las distancias interestelares para llegar a nosotros.

Además, la historia de los ovnis ha demostrado que *los temas de la ufología ortodoxa cientificista no eran tan diferentes de los aspectos más fantásticos del fenómeno ovni.* Si los ovnis son, en fundamental medida, un acontecimiento psicosociológico, ¿qué convierte en más serio el hacer tipologías de ovnis que el concurrir a un cerro de moda, con un grupo de devotos, a esperar el descenso de los Hermanos del Espacio? ¿No comprenden, acaso, los investigadores más tradicionales, que el elemento religioso impregna las estructuras básicas de toda la ufología y no se agota en el contactismo?

Martin Kottmeyer, a propósito de la "conspiranoia" ovnística, hacía una interesante disquisición: "¿Por qué aceptan (los ufólogos) los relatos sobre raptos con más facilidad que los relatos sobre extraterrestres que desean ser nuestros 'hermanos espaciales', a pesar de que cuentan en ambos casos con los mismos indicios?" (9).

**P.** *¿Y qué ocurre con la hipótesis psicosocial? ¿Cuáles serían sus limitaciones?*

**R.** Como señalé anteriormente, me siento muy cercano a la HPS y comparto la mayoría de sus conclusiones, aunque me detengo en el umbral de las consecuencias ineludibles, ya que no descarto la existencia de un fenómeno ovni original. Bebo de la copa que brillantemente han ofrecido Monnerie, Scornaux, Maugé, Pindivic, Cabria, Banchs, Agostinelli y demás autores de esta corriente, pero no me he tomado la totalidad de su contenido. O, dicho de otra forma, mi sed se satisface sólo si combino con otras copas y otras fuentes: la paraufología moderada, el enfoque ciberbiológico de Stillings y cía., la hipótesis THAT, la ambivalencia de Keith Thompson... Pero, insisto, comparto lo esencial de la HPS, a saber:

-que los ovnis son un mito moderno.
-que constituyen, por tanto, un fenómeno cuyo tratamiento privilegiado deben hacerlo las *ciencias sociales.*

-que la evolución del fenómeno, desde 1947 hasta hoy, ha sido dependiente de los avatares de la cultura de masas y, por qué no decirlo, del periodismo.

-que en las oleadas de ovnis tienen un rol sorprendente los medios de comunicación, tanto en su génesis como en su estructura.

-que los testigos de ovnis, por lo general, "traducen" una experiencia de visión de algo anormal e indefinido en algo concreto y culturalmente inteligible: es decir, "traducen" su visión *según los parámetros de los estereotipos ufológicos.*

-que los ufólogos han jugado un rol decisivo tanto en la difusión de los estereotipos como en la aceptación universal del mito de los visitantes extraterrestres.

Ahora bien, creo que este enfoque sería aún más fructífero si realmente incorporara elementos adecuados para tratar con problemas meta-racionales. Por ejemplo, los antropólogos que indagan cosas tales como el vudú, el candomblé, el chamanismo, etcétera, seguirán siempre como unos exploradores ajenos, y forasteros, a menos que dejen de excluir apriorísticamente las anomalías.

**P.** *¿A qué se refiere exactamente?*

**R.** Los psicólogos, sociólogos y antropólogos pueden poner entre paréntesis su propia visión del mundo, con el fin de "dejar hablar" a los fenómenos.

**P.** *Pero eso no es nada novedoso: el programa fenomenológico en sociología, desde Alfred Schutz en adelante, postula la descripción antes que el enjuiciamiento. Esta tendencia "participativa" del investigador se acentúa aún más con la etnometodología de los años sesenta, con Harold Garfinkel a la cabeza. De hecho, el director de la tesis de grado de Castaneda fue precisamente Garfinkel.*

**R.** Lo que postulo es que el racionalismo inherente a las ciencias sociales –que, por lo demás, yo comparto– debe contemplar también un tratamiento no partidista de las anomalías. En ese sentido, considero dignos de alabanza los trabajos de Michael Harner y Joan Halifax sobre el chamanismo y los estados alterados de conciencia: no son sensacionalistas ni abracadabrantes; tienen un buen formato académico y contemplan (así sea como una mera posibilidad) los hechos extraordinarios y "paranormales" sin ningún afán paternalista... sin la peyorativa sonrisa del "misionero cultural" cuando asiste a un ritual orgiástico de invocación de espíritus.

En resumen, les pido a los científicos sociales que no rechacen, de entrada, la posibilidad de que en la panoplia ovnística se oculte un fenómeno extraordinario. Yo saludo y respeto al escepticismo militante, del cual me nutro mucho más que de los suscitadores de falsos misterios; pero un diálogo de esta clase no podría entablarse con Klass, Oberg, Sheaffer y otros, pues están a tal punto comprometidos con una cosmovisión determinada, que lo que se sitúa fuera de ella sólo puede ser catalogado de "absurdo" o "ridículo".

## De la "navaja" a la "guillotina de Ockham"

*P. ¿Por qué, para estos efectos, serían interlocutores más válidos personajes como Lagrange, Pindivic, Méheust y otros?*
**R.** Por razones epistemológicas. El CSI postula su adhesión al método científico. Mas, ¿qué entiende el CSI por tal? Cuando uno lee a Gardner o Sagan, por poner dos ejemplos, naturalmente simpatiza con la impecable y seductora labor que realizan, en orden a desmitificar ingenuidades y desenmascarar vivales. Pero creo que no demuestran una clara noción de la relatividad, historicidad, gratuidades y contradicciones del llamado "método científico". Como si no percibieran su carácter ideológico. Como si no se hubieran enterado de la discusión actual en filosofía de la ciencia.

La ciencia es normalmente una práctica, no una aplicación filosófica de una metodología abstracta. Toda la filosofía de la ciencia del siglo XX, desde Karl Popper e Imre Lakatos, ha demostrado que la idea de una comunidad universal de científicos obteniendo resultados por la aplicación de un método es una fantasiosa quimera. Las investigaciones de la epistemología contemporánea han demostrado, más allá de toda duda razonable, los siguientes aspectos de la práctica científica:

-Que opera con un *paradigma* o marco inconsciente de actuación, el que determina, más que las respuestas, la formulación misma de las preguntas. La actividad científica "normal" fortalece el paradigma dominante, sin más.

-Todo cambio importante, toda revolución científica, supone una superación o abandono del viejo paradigma, lo que implica un cambio global de la cosmovisión implicada. Piénsese en el paso del universo mecánico y de relojería de la física decimonónica... ¡a las perplejidades destacadas por la física cuántica! La interpretación de Copenhague siembra las dudas hasta en el más fogoso de los cartesianos.

-La ciencia, cuando trata determinados fenómenos que amenazan la estabilidad del paradigma, recurre a estrategias un poco reñidas con los decálogos metodológicos. Una de las tretas más escandalosas es la construcción permanente de "hipótesis ad-hoc", hasta nuevo aviso.

-La ciencia opera, con una habitualidad que no se reconoce abiertamente frente a los legos, contrainductivamente, es decir, violando sus propias reglas.

En fin, lo que quiero expresar es que la filosofía de la ciencia, es *decir el fundamento lógico y racional de lo que supuestamente hacen los científicos naturales*, a estos les importa bastante poco. Los metodólogos que piensen que físicos, biólogos o químicos aplican sus recomendaciones (y no una "tradición práctica", que es lo que realmente hacen) son bastante ingenuos y tienen una visión idealizada de sí mismos y de la práctica científica. Seamos sinceros: quienes realmente se preocupan de los problemas epistemológicos son los científicos sociales. He conocido científicos naturales que sabían nada de filosofía de la ciencia; en cambio, antropólogos, sociólogos y psicólogos (tal vez por lo difuso de sus propios campos de estudio, en constante redefinición) frecuentemente nos atiborran de citas de Popper y Kuhn, y a veces saben más de historia de la física que los que se dedican profesionalmente a la física. La situación es curiosa: el estamento académico rinde loas a los sabios de bata blanca *que producen conocimiento, por su aparente sujeción a un método determinado*; ¡y a los elogiados, el dichoso método –en la realidad, no en los discursos dirigidos a los profanos– les importa tanto que ni se acuerdan de él!

*P. ¿Cuál es la explicación para ese fenómeno?*

**R.** No lo sé. Pero aventuro una reflexión que no sé si es causa o efecto o situación paralela. *La evolución de la filosofía de la ciencia, destinada a sustentar lógicamente la actividad de los científicos, ha llegado a cuestionar las bases de toda la empresa científica moderna,* relativizándola dramáticamente. Es decir, demostrando que no es una empresa completamente racional, que realiza –en su base– opciones gratuitas y arbitrarias, y que sólo aspira a verdades consensuales y no absolutas.

*P. Por favor, concretemos un poco.*

**R.** Bien. Sabemos que la epistemología hegemónica a principios de siglo estaba dominada por el inductivismo y diversas formas de empirismo. La inducción, recordemos algo groseramente, supone la observación de los hechos y su posterior generalización hipotética. Sin embargo, ya desde David Hume se había puesto en duda *que pudiera probarse cualquier cosa* mediante la inducción. En efecto, nada garantiza que lo que se "prueba" experimentalmente hoy día, haya sucedido antes... y siga sucediendo después. En el siglo XX, Popper arremetió en forma definitiva contra las pretensiones del inductivismo –que, digámoslo de una vez, eran las pretensiones de la ciencia moderna– postulando que la única distinción posible entre ciencia y pseudociencia radica en que las afirmaciones de la primera son falsables, esto es, refutables. Sólo las afirmaciones irracionales (léase: pseudocientíficas) están más allá de toda refutación, como los credos religiosos, por ejemplo. Nótese: la definición de lo científico ya no está dada por "la verdad" sino, más modestamente, ¡por una demarcación entre ciencia y pseudociencia!

Y para qué seguir con Kuhn o Feyerabend. Con ellos, el cuadro es aún más desolador. *Sólo podemos, pues, conocer con incertidumbre.*

## "Todo lo sólido se desvanece en el aire"

*P. ¿Se opone usted a la ciencia?*

**R.** De ningún modo, pues participo –en gran medida– de la cosmovisión que nos ofrece. Sólo intento relativizar, en el plano ufológico, las solemnes declaraciones que suelen hacerse en su nombre. Por decirlo así, la filosofía del CSI me convence cuando desmitifica, mas no cuando intenta explicar su papel en la cultura humana. Leí con entusiasmo *Veredicto OVNI* de Robert Sheaffer (10), pero cuando –en el último capítulo– realiza una especie de manifiesto escéptico oficioso, sonreí con el mismo escepticismo que el propio Sheaffer expresaría ante el "hombre-polilla" de John Keel.

**P.** *Me alegro de que hayamos vuelto a los ovnis. Quiero saber hacia dónde va con este largo rodeo, con nombres y apellidos...*

**R.** Una vez más, al tantas veces citado Vicente-Juan Ballester Olmos. Debo aclarar algo: a pocos ufólogos les profeso tanto respeto como a este gran investigador español (y valenciano). Pienso que somos muchos los ufólogos hispanoamericanos que estamos en deuda con sus excelentes publicaciones y con su titánico esfuerzo de ofrecer catálogos de casuística cada vez más depurados y confiables. ¿Alguien –salvo los conspiranoicos– podría poner en duda la honestidad a carta cabal de Ballester Olmos? En su polémica interminable con un hípico y vivaracho divulgador de los ovnis (J. J. Benítez), no ha sido Ballester Olmos quien ha recurrido al denuesto y las acusaciones retorcidas, sino su adversario... y los seguidores del mismo.

Sin embargo, en sus libros *Los OVNIs y la ciencia* (11) e *Investigación OVNI* (12) –de lo mejorcito que se ha escrito en castellano sobre los elusivos platillos voladores– se compromete con una ideología metodológica que le lleva –creo– a un callejón sin salida. Por todo principio, admite que lo guía un espíritu "cartesiano". Uno no puede, ante esta declaración, dejar de pensar en la crisis de término que afecta al paradigma "cartesiano-mecanicista-newtoniano" en la ciencia contemporánea... Y es que ha sido vapuleado desde todos los ámbitos: la biología del conocimiento, la cibernética, la física cuántica, la nueva investigación sobre la conciencia...

El cartesianismo de Ballester Olmos y compañía ya no puede defenderse –después de Bohm, Prigogine, Pribram– como una metodología propicia para la comprensión de las anomalías en el terreno de la ciencia.

*P.* *¿Cómo se expresan las limitaciones del cartesianismo ballesteriano?*

**R.** Aquí podemos hacer una crítica de toda la ufología científica ortodoxa. El método cartesiano implica que la *res cogitans* (el que observa) y la *res extensa* (lo observado) son sustancialmente diferentes. La mente solo está –según este modelo– en el perceptor y no hay mente en las cosas y en la naturaleza. La ufología científica también ha trazado unas barreras insalvables entre estímulo ovni y perceptor humano. En consecuencia, el testigo se limita a reproducir lo que ve, con más o menos exactitud según los casos, pero sin elaborar significativamente la información recibida.

Aparecía, entonces, el ufólogo científico (generalmente pro-ET) para discernir en qué medida el testimonio era *fiel reflejo de lo observado*. Lo que se soslayaba en todos estos intentos era el rol *fundamental* del propio observador en la construcción de la experiencia OVNI: ¡lo que la HPS nos ha enseñado hasta la saciedad!

El modelo cartesiano en ufología no permite aprehender la naturaleza esencialmente subjetiva y simbólica de las manifestaciones OVNI, precisamente porque requiere –para la propia estabilidad de su visión del mundo– relegarlas al mundo exterior... ¿Y qué más objetivo y "externo" que los ansiados extraterrestres?

*P. Por tanto, no quedaba más remedio que confiar ciegamente en los testigos...*

**R.** En efecto. Yo tengo la sospecha de que siendo la fenomenología ovni un crisol tan complejo de elementos ambiguos y confusos, el paradigma cartesiano es el menos apropiado para abordarla y, peor aún, interpretarla.

Mi hipótesis es que "la experiencia OVNI" debe ser analizada como una totalidad, donde la componente psíquica y simbólica del suceso es tanto o más relevante que el fenómeno físico que la desencadena. De momento, ni aun los aspectos más bizarros y absurdos del fenómeno OVNI dejan de enseñarnos algo sobre nosotros mismos.

La *"experiencia OVNI", por tanto, es un todo mucho más significativo que la mera suma de sus partes.* En tal sentido, vuelvo a adherirme a las ideas de Dennis Stillings y "Archaeus Project", así como al "efecto de significación" postulado por Acevedo y compañía, enfoques expuestos anteriormente.

*P. Lo siento, pero debo preguntar: ¿qué tipo de conocimiento permitiría hacer adecuadamente esa suerte de "ovni-hermenéutica"?*
**R.** En un interesante artículo, el ufólogo crítico Matías Morey (13) especulaba sobre "ufología y modelos de ciencia", dándole vueltas a la ya clásica discusión sobre si la ufología debe ser un ámbito de estudio propio de las ciencias naturales o de las ciencias sociales. Indiscutiblemente, las ciencias naturales ofrecen el "filtro primario" de la vasta información ovnística; ellas nos enseñan a observar correctamente el cielo, nos explican en qué consisten los fenómenos atmosféricos más usuales y ellas serán convocadas a examinar el terreno cuando alguien declare que en él se posó un platillo volador.

Pero, sin restarle importancia a este soporte básico, me resulta evidente que hoy son las ciencias sociales las destinatarias obligadas del cúmulo universal de la cultura ufológica, precisamente porque los ovnis son el gran mito de nuestro tiempo. Es algo que la ufología más cientificista y mecanicista se negó a ver durante décadas. Nunca se comprendió que la sociología de las religiones, la antropología del mito, la psicología de los estados alterados de conciencia y hasta la epistemología, tenían tanto o más que decir que la meteorología o la física atmosférica.

## Tres posibilidades de explicación

*P. Supongamos que existe un fenómeno ovni originario; ¿cuál sería, para usted, el camino de solución del enigma?*
**R.** Puesto a elucubrar sin inhibiciones, vislumbro tres caminos:

1. *Una proyección de la mente humana* (o de la suma de mentes individuales).
Y para esto no hablo –necesariamente– de las materializaciones de Vieroudy ni de las expresiones psicokinéticas de Clark y Coleman. Me basta el "rumor visionario" de Carl Gustav Jung. Sabemos tan poco de

nuestra propia psique, que estas consideraciones deben mantenerse como fructíferas hipótesis de trabajo.

**P.** *¿Y los aspectos materiales involucrados en los avistamientos?*
**R.** Precisamente, esos aspectos materiales son los que están más en entredicho, así es que –hasta que se ofrezca algo más contundente– no me preocupan demasiado.

2. *La acción de una exointeligencia.*
Muchos sonreirán ante una posibilidad de este jaez. Sin embargo, no pienso que se trate de una elucubración absurda. Es posible que, debido a su singularidad y extrañeza, sólo hayamos traducido sus manifestaciones a la mitología de turno (ver, por ejemplo, el "mimetismo" de que hablan John Keel y la "hipótesis THAT"). Es que, si bien no creo literalmente en los testimonios ufológicos, muchos de ellos tienen tal "carga psíquica", que a veces trascienden los simples estereotipos sociales y culturales, y me hacen sospechar la comparecencia –así sea ocasional– de una mente no humana, envuelta en tan arquetípica fenomenología.

Harold Cahn, un parapsicólogo estadounidense, postula también un modelo de "experiencia OVNI" que no adjudica a los estímulos visuales ufológicos ni una materialidad independiente del perceptor, ni tampoco una mera existencia intrapsíquica (14). Para Cahn, la experiencia OVNI es resultado no sólo de lo que nosotros pensamos, sino también lo que piensan las propias inteligencias responsables de la aparición OVNI. El resultado es bizarro, claro, pero no hay otro posible en esta increíble interacción de inteligencias extrañas.

3. *Un fenómeno natural desconocido.*
Recuérdese lo que señalamos a propósito de la "teoría de la tensión tectónica" (TST) como posible explicación de los casos de abducciones. Ese enfoque, como es lógico, se ha generalizado como una hipótesis ufológica general.

No obstante, junto al nombre de Persinger, debemos mencionar obligatoriamente al investigador estadounidense Paul Devereux quien, en su libro *Earth lights revelation: UFOs and mystery lightform phenomena* (15), propuso que determinados fenómenos lumínicos estaban relacionados con las fallas tectónicas y, por consiguiente, con profundas alteraciones del psiquismo humano.

Las ideas de Persinger y Devereux sugieren una posibilidad interesante y estremecedora: que ciertos fenómenos perfectamente naturales, desencadenan alucinaciones y síntomas de transgresión de la realidad en seres humanos normales. Sería una solución, a la vez terrestre y asombrosa, total o parcial del fenómeno ovni.

Por cierto, las tres hipótesis expuestas pueden combinarse, desmontarse, intercambiarse, etcétera.

## El mundo a pedacitos

*P. ¿Qué significado tienen o han tenido los ovnis, para las creencias humanas, a lo largo de este medio siglo de historia?*
**R.** Es tan difícil responder a esa pregunta, que sólo se puede hacer un esbozo de respuesta.

Es evidente que los ufólogos y la ufología han entronizado en las masas la creencia en los extraterrestres, con todo lo que ello implica. Sospecho que aún no se ha evaluado esta importante consecuencia... Conviene referirse a un trabajo de Carl Rashke, llamado "Agentes ultraterrestres de desconstrucción cultural" (16). Allí, Rashke sostiene que los ovnis se presentan como inaccesibles y paradójicos, porque no "provienen" de una realidad ordinaria y sólo son reconocibles por sus efectos:

-desestabilizar nuestra visión del mundo, al sugerir que determinados "intrusos" irrumpen en nuestro espacio-tiempo.
-exasperar nuestros esquemas racionales de pensamiento, con la apariencia de una anomalía, de un "suceso" inexplicable.

Si Rashke tiene razón, los ovnis –independientemente de cuál sea su naturaleza última– sabotean nuestra necesidad apremiante de certezas. Promueven nuestra "inseguridad ontológica"...

**P.** *Pero, ¿y los contactados? Acaso sus pretendidos mensajes, ¿no ofrecen sino certezas, ya sea apocalípticas o de consolación?*

**R.** Ese es un juicio sólo valedero desde la subcultura del contactismo, pero no desde la óptica de la sociedad en general. Lo cierto es que, aunque todo el entramado ufológico fuera una patraña, millones de personas seguirían creyendo en la gran visita de los alienígenas.

**P.** *Siendo así, ¿en qué consiste la desconstrucción?*

**R.** Rashke se guarda muy bien de diferenciarla de la simple destrucción. Esta es azarosa; y aquélla, en cambio, supone etapas sucesivas, encaminadas hacia un fin determinado. Por eso, puede afirmar lo siguiente:

> *"El momento de la desconstrucción cultural es aquel en el cual todas las rígidas bases conceptuales y las metodologías quedan desmanteladas. Es muy probable que la 'misión' de los OVNIs no sea la de coronar los esfuerzos de nuestra ciencia secular, sino por el contrario anular su arquitectura misma"* (17).

Según Rashke, tanto los ovni-creyentes como los refutadores ultristas están anclados en una misma visión del problema... Para ambos bandos, la verdadera naturaleza de los ovnis adopta contornos deletéreos, subversivos e indigeribles.

> *"Los desmitificadores del fenómeno insinuaron que los OVNIs han venido a llenar el vacío que dejó el descreimiento religioso en nuestros días, y que son en realidad ángeles artificiales. Tal punto de vista podría tomarse como un elogio más que como una crítica. Los desmitificadores deducirían de tal lectura que las 'cosas observadas en el cielo' son atrayentes proyecciones de nuestros deseos. Nosotros, en cambio, podemos arriesgar que son insinuaciones de un mundo trascendente que nuestro cientificismo del siglo XX se había empeñado en negar y ocultar"* (18).

## La Joya de lndra

*P. En definitiva, ¿existen los ovnis?*

**R.** Le responderé, si usted lo permite, con una paradoja poética. Me refiero a "La Joya de lndra"; por favor, relájese y cierre los ojos mientras leo:

> *"Allá lejos, en la celestial morada del gran dios lndra, había una red maravillosa, que un sagaz artífice había colgado de modo tal que se extendía infinitamente en todas direcciones. En armonía con los gustos extravagantes de las deidades, el artífice había colgado en cada 'orificio' de la red una única joya resplandeciente; y como la red era de dimensión infinita, también las joyas eran infinitas en número. Allí colgaban, brillando como estrellas de primera magnitud, ofreciendo un espléndido panorama para la vista. Pero si se tomaba arbitrariamente cualquiera de estas joyas para inspeccionarla más detenidamente, se descubría que sobre su pulida superficie estaban reflejadas todas las otras joyas de la red, de número infinito. Y no sólo eso: cada una de las joyas reflejada en ella, reflejaba a su vez todas las demás, de modo tal que los procesos de reflexión eran, asimismo, infinitos" (19).*

*P. Una imagen de la totalidad inaprehensible, tan propia de la metafísica hindú. ¿Puedo ya abrir los ojos?... Oiga... ¡¡Se ha ido!!*

# NOTAS

(1)     *Dossier OVNIS*, Martínez Roca, Barcelona, 1978, p. 234.

(2)     Plaza y Janés, Barcelona, 1984, pps. 279-297.

(3)     Op. cit., p. 283.

(4)     Editorial 7+, Barcelona, 1979.

(5)     En "Ten years on. The editor look back on a decade of ufology", *MUFOB*, 44, 1978, pps. 7-8.

(6)     *Lo imaginario en el contacto OVNI*, Heptada, Madrid, 1990, p. 9.

(7)     Op. cit., p. 219.

(8)     *Pasaporte a Magonia*, Plaza y Janés, Barcelona, 1972 (y 1976).

(9)     "La ovnilogía como sistema desarrollado de paranoia", en Stillings, cit., p. 83.

(10)    Tikal, Gerona, 1994.

(11)    Plaza y Janés, Barcelona, 1982 (y 1989).

(12)    Op. cit.

(13)    "Ufología y modelos de ciencia", en *Cuadernos de Ufología*, Nro. 11, segunda época, 1991, pps. 94-97.

(14)    "On UFO experience", en Richard Haines: *UFO Phenomena and the Behavioral Scientist*, The Scarecrow Press, Metuchen, 1980, p. 142.

(15)    *Earth lights revelation*, Blanford, 1989.

(16)    En Stillings, op. cit., pps. 35-49.

(17)    Op. cit., p. 44.

(18)    Ídem.

(19)    Citado por F.H. Cook: *Hua-yen Buddhism*, Pennsylvania State University Press, 1997, p. 2.

# EPÍLOGO

*Tras la extinción de los ecos imperiales a nivel galáctico,
algunos hemos rechazado el antropocentrismo que
significaba proyectar sobre hipotéticos seres del
cosmos nuestras propias perversiones de
grandeza (...) Pero no desesperen los creyentes.
¿Quién sabe si "Ellos" nos visitan realmente?*
**Ignacio Cabria**

El cambio de Milenio nos sorprende con la más variopinta oferta espiritual, neoespiritual, ocultista y psicoterapéutica que haya conocido el género humano. ¿Qué nos queda por hacer? ¿Vivir en un ashram hindú, según las enseñanzas de Swami Sivananda? ¿Ir a tocar tambores indios en torno al Monte Shasta? ¿Peregrinar a La Meca, Benarés, el desierto de Sonora, el valle de Elqui o, acaso, a Montségur, con un libro de Otto Rahn en la mano? ¿Seguir la moda o ir contra la corriente, también por esnobismo? ¿Escalar montañas? ¿Enriquecernos? ¿Embriagarnos? ¿Peyotearnos?

La Aldea Global se ha transformado en un gigantesco caleidoscopio de las visiones de mundo donde es accesible *todo lo pensado*. Nada hay oculto, todo aparece expuesto a la ubicua mirada de los medios. ¿O es que tú, ciudadano-consumidor, pretendes que tu idea favorita, sea religiosa, política, filosófica... no aparezca en Internet? Los que gustan de manejar información exclusiva, los que temen que determinadas joyas intelectuales caigan en manos de las masas, sufren indeciblemente en estos días. Deberán resignarse a ver a un Tolkien hollywoodense, a que comerciales de TV mencionen "el nuevo paradigma" en desodorantes y a supuestos santones hindúes... en éxtasis después de tomar la nueva bebida gaseosa. ¿Es la trivialización de todas las cosas la última maldición del siglo?

La Aldea global es uniformidad en la multiplicidad. Conviven, por ahora "pacíficamente", el fundamentalismo bíblico con la New Age; un proto-fascismo de nuevo cuño con el ecofeminismo; una explosión irracionalista de credulidad ilimitada, con los nuevos cruzados del pensamiento escéptico. ¿Alguien podría condenarnos por nuestra confusión, en medio de tantas seducciones contradictorias?

Que Dios, Jehová, Ahura-Mazda, Alá, Huitzilopochtlí, nos liberen de la unilateralidad del espíritu, pues la implacable ley del péndulo se desquita siempre, en cada coyuntura histórica, en cada gran pliegue de los tiempos. ¿Acaso milenios de civilización apolínea le han quitado siquiera algo de brillo a las pezuñas de Pan? Las polaridades se demandan mutuamente. Las insufribles exageraciones del movimiento "políticamente correcto" generan un ejército de cabezas rapadas...

Y en medio de todas estas perplejidades, los ovnis continúan surcando nuestros cielos. Sean lo que sean –y aún cuando no sean– están profundamente inmersos en la cultura de masas. El platillo volador es quizá el ícono más representativo del siglo XX. ¿Galaxia de Gutenberg o descendencia de Arnold? Por tanto, como se ha señalado tantas veces, el "efecto ovni" ha devenido en algo quizá más importante que el "estímulo ovni" que lo desencadena. Los "extraterrestres", los nuevos dioses y demonios, ya se han vuelto omnipresentes: seguirán dándonos mensajes apocalípticos, declararán que han venido a redimirnos, tendrán sexo con terrícolas, se estrellarán en algún cerro lejano... ¿Y qué harán los ufólogos? Seguirán escribiendo libros, llevando "mujeres embarazadas por alienígenas" a los programas de TV nocturnos, también ellos tendrán sexo con terrícolas, y organizarán cuadrillas de jóvenes cazafantasmas, en busca de los restos de los ovnis siniestrados. Y si a todo esto le agregamos una autopsia, mejor.

Mas ¿a propósito de qué venía el cuento de algunos movimientos pendulares de la Historia? Pues, al hecho de que la ufología popular es ahora más inverosímil, inconsistente y hasta ridícula... que aquella que vieron nuestros padres. Diría que hoy los niveles de credulidad e irracionalismo son sencillamente alarmantes. Todos se creen obligados a tragarse cualquier cosa. Los juicios críticos no están de moda; por el contrario, son vistos como expresiones de suficiencia o ignorancia, en esta época light donde "todas las ideas son igualmente valiosas y ciertas, a su manera". ¿Es que lo son, realmente? ¿No es acaso el juicio, el discernimiento, la más eficaz herramienta del ser humano para establecer su lugar en el universo?

La impopularidad de la cosmovisión científica es, entonces, una reacción al burdo materialismo mecanicista del siglo XIX y a toda su secuela filosófica posterior. ¿Cómo pretender que en un mundo de máquinas la gente no sueñe con espíritus? Así funciona la mente humana. Tengo un amigo que jamás fue comunista, pero que, hastiado del Nuevo Orden Mundial, se lo pasa cantando como un sonámbulo el himno de la Internacional... o el caso de un epistemólogo neopositivista, quien me confesó que lo que más deseaba era no morirse sin ver un hada, un duende o un ángel. La impopularidad de la ciencia es, en mi opinión, una reacción previsible, ante ciento cincuenta años de desencantamiento acelerado del mundo. Si los espíritus de la Naturaleza fueron expulsados de las marismas, los lagos, los ríos, las praderas, los páramos salvajes, ¿por qué no reaparecerían en nuestras ciudades, invadiendo secretamente los sueños de la "era espacial"?

A pesar de todo, no me arrepiento –de ninguna manera– de mi paso por la ufología. Si los seres humanos aman el sentido del misterio y el Viaje, puedo decir que la ufología me los prodigó generosamente. A mí y a mis amigos ufólogos, cuando creímos estar desentrañando los misterios del universo, así como otros –años antes– creían estar asistiendo a la transformación revolucionaria de la sociedad. Nos fue igual de mal, pero... ¿arrepentidos? ¡Jamás! Como dice la canción de León Gieco: "menos mal que estamos acá, nosotros no vamos a parar".

Queríamos desafiar la ortodoxia, a mucha honra. Pero hubo que aprender que los platillos voladores no eran más importantes que los problemas sociales de nuestros países periféricos: que no era simple coincidencia que la saga del siglo se hubiese iniciado en Estados Unidos de Norteamérica. Que las leyendas de Ovnilandia también alienaban, confortaban y consolaban al pueblo. Que, secretamente, muchos de los ufólogos deseábamos que unos "alienígenas ilustrados" aterrizaran en este sufrido planeta, y procedieran a tumbar a los poderosos, a los explotadores, a los enemigos de la paz, a los destructores de la Naturaleza. ¿Absurda ingenuidad? Sí, aunque no mayor que la de los que sugerían que ese glorioso destronamiento era "el propósito" o "la dirección" de la historia. Cada nuevo retroceso social, cada nueva derrota política, sólo confirmaba que la Historia era "nuestra" y el luminoso destino, inexorable. Después de todo lo ocurrido entre 1970 y 1999, resultó ser más plausible la idea de los extraterrestres que la de la Historia omnisciente, autónoma, unidireccional.

La saga de los ovnis está lejos de terminar. Los platillos voladores volverán a campear en la atmósfera planetaria, eso es seguro. ¿Hay algo enigmático o paranormal tras ellos? ¿O todo se agota en el gran sueño social del que hablaba Monnerie? ¿O es una enervante mezcla de ambas cosas?

Recuerda, eso sí, amigo lector, que si ves una luz desconocida en el cielo, o un platillo posado en el suelo, si sientes que te observan, que te persiguen los "hombres de negro", o que te adjudican la paternidad /maternidad de una guagua híbrida de alienígena y terrícola, recuerda que ni siquiera en estos casos puedes reclamar originalidad. Y no temas que nadie te creerá; ¡al contrario! Aunque no te será fácil resolver el enigma de lo que viste... En fin, bienvenido a Ovnilandia.

*San Bernardo, invierno de 1999*

# OTRAS PUBLICACIONES

**Noticias de Marte**
Diego Zúñiga

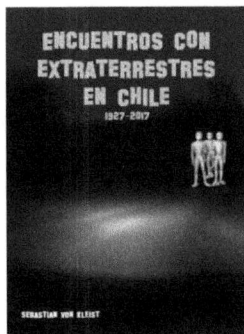

**Encuentros con extraterrestres en Chile. 1927-2017**
Sebastian von Kleist

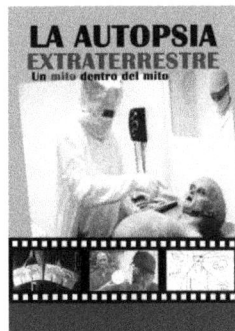

**La autopsia extraterrestre**
Luis Ruiz Noguez

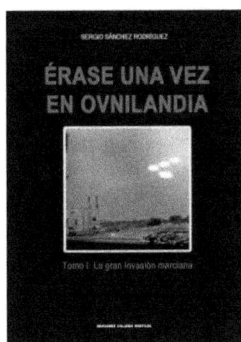

**Érase una vez en Ovnilandia.
La gran invasión marciana**
Sergio Sánchez R.

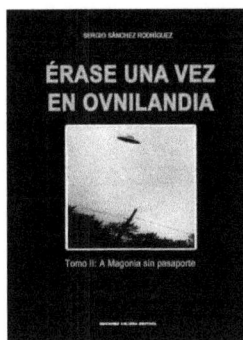

**Érase una vez en Ovnilandia.
A Magonia sin pasaporte**
Sergio Sánchez R.

Milton Keynes UK
Ingram Content Group UK Ltd.
UKHW021320260524
443099UK00014B/454

9 780244 206963